THE OPERATION PRACTICE OF

TOURISM
GARDEN HOUSE

旅游民宿
经营实务

过聚荣◎编著

社会科学文献出版社
SOCIAL SCIENCES ACADEMIC PRESS (CHINA)

编　　委

摘　要

　　随着城市化的快速推进，人们对乡村休闲度假的渴求、对乡村闲置资源的利用成为乡村旅游快速发展的主要动力。民宿作为一种利用闲置房屋、借用乡土环境、提供以住宿为主的休闲旅游度假服务形式，迅速成为乡村旅游发展的新的主力军。为满足旅游民宿经营的需要，本书对民宿经营管理进行了系统梳理和总结，本着"助力美丽乡村，赋能民宿经营"的主旨，通过具体场景让民宿主了解民宿行业的基本情况、国家的基本要求与导向、从事民宿经营活动的资质与经营技巧等。本书通过对民宿实际管理中的标准化动作和特色化服务进行分析，设定了简洁易上手的程序。通过对比较有特色的台湾、浙江等地民宿的案例分析，归纳民宿主经营成功的基本要素。

序　言

　　大众旅游时代的到来使人们休闲方式日趋多样化。统计数据显示，当前我国旅游结构中，非景点旅游约占80%，入住宾馆、饭店的游客比重在减少。旅游结构性变化催生了民宿、民居、乡居、短租等共享住宿业态，以及露营地、特色产业园、旅游休闲综合体和"旅游+"商业模式。交通便利化、支付方式便捷化、网络服务普及化，同更高的公民文明水准、更好的社会治理结合在一起，缔造了更健康的旅游生态，合力驱动个人旅游体验的升级。

　　值得指出的是，党的十九大报告把美丽中国作为建设新时代中国特色社会主义强国的重要目标，提出从2020年到2035年，"基本实现社会主义现代化"，"生态环境根本好转，美丽中国目标基本实现"；从2035年到本世纪中叶，"把我国建成富强民主文明和谐美丽的社会主义现代化强国"。新时代中国特色社会主义思想为旅游业的发展带来新机遇、提出新要求。要抓住这个新机遇、完成这个新要求，就必须大力发展生态旅游，使之成为美丽中国建设的领跑产业。

　　作为美丽中国建设产业之一的民宿业，其发展顺应了这个新趋势。截至2016年，中国大陆民宿数量达到53452家，相比2014年涨幅达到70%以上。不完全统计数据也显示，目前民宿业从业人员达到近 100 万人。国家信息中心发布的《中国分享经济发展报告（2017）》显示，2016 年我国分享住宿市场交易规模接近 243 亿元。

为使民宿发展健康可持续，国家出台了一系列相关政策，从试点、合法化到促进、规范，旅游民宿中很多不合规的情形，得到了较为有力的规范。2017 年 8 月 21 日，国家旅游局发布了《旅游民宿基本要求与评价》等 4 项行业标准，从 2017 年 10 月 1 日起正式实施。《旅游民宿基本要求与评价》的出台为民宿健康可持续发展提供了引导性规范，让部门和从业者从此有据可循。通过内容创新，民宿在推动旅游住宿业供给侧结构性改革和助力全域旅游发展方面将发挥重要作用。

过聚荣教授编著的这本书，是近年来旅游民宿书籍中较有特点的一本。本书的最大特色在于将涉及的规划设计学、经济学、管理学以及旅游、酒店、民宿管理等相关理论融合在具体的篇章之中。通观全书，有三个观点我深为赞同。

一是民宿尽管是"非标"行业，但是，民宿的服务水准是有标准的，民宿经营者要重视客户的入住体验。

二是民宿的设计装修要与环境相协调。倡导健康的生产、生活和消费方式，营造全社会文明旅游、低碳出行和维护生态环境的良好风气，促进人与自然的和谐，为美丽中国建设打下坚实的基础。

三是民宿要扩大网络宣传力度，实施全方位营销。设计精准营销方案，以台网互联、互动行销为手段，以内容营销、针对性营销、社交新媒体营销等为方式，针对全域大市场与各细分市场需求，设计形成内外结合、线上线下同步的全域营销体系。

民宿发展方兴未艾，机遇与挑战并存，考验和激励研究者不断探索。我很欣赏这样的理念：助力美丽乡村，赋能民宿经营！是为序。

马　勇

教育部旅游管理专业教学指导委员会副主任

中国旅游改革发展咨询委员会委员

湖北大学旅游发展研究院院长

2018 年 2 月 22 日

前　言

我国民宿发展在经历了萌芽、培育阶段以后，如今步入业态成形阶段。国家宏观发展战略要求、互联网技术发展、大众休闲需求多样化以及个体创业创造力迸发等互为激荡，构成一幅绚丽多彩的画卷。

党的十九大报告中两次提到了"乡村振兴战略"，并将它列为决胜全面建成小康社会需要坚定实施的七大战略之一。在繁荣发展乡村经济、创造美好乡村生活、打造美丽乡村环境、全面增强乡村活力、营造文明乡村风尚、创新乡村治理等方面细化、实化政策，摆上了各级政府的议事日程。为使乡村振兴战略落到实处，一系列强化政策支持保障，完善财政支农政策体系，畅通城市技术、人才、资金、管理等现代生产要素下乡的通道不断优化，这为乡村振兴提供了有力支撑。"厕所革命""四好公路"等具有中国特色的农村发展举措为旅游民宿发展奠定了物质基础。

科技日新月异、沟通的无边界以及运输工具的发达更加强了点对点的互动，社会组织已经由过去垂直或水平式形态，转变为分散的形态，由点与点之间联结而构成的网络社会正在形成。乡村相对封闭的状态得以打开，使民宿的发展能够超越自身条件的限制而融入现代文明的潮流之中。"一个乡村就是一个乡土文化博物馆"的核心理念正在崛起：基于村落文脉和古居民群落整体保护，通过传统文化的艺术化、创意化、体验化，打造有故事的乡村民宿群落和精致的乡村文化休闲体系，创造传统与时尚碰撞的别致乡村生活方式。

快速发展的民宿业不仅需要经营者具备更好的物质条件，对经营者的管理能力也提出了更高的要求。方兴未艾的旅游民宿经济要想在市场竞争中激流勇进，就必须充分重视民宿主管理知识的普及和创新能力的提升。

为满足广大民宿经营者提高经营管理能力的需要，我们着手编写了这本专业用书。本书在编写过程中尽可能结合民宿经营积累的理论与实践经验，努力做到深入浅出、通俗易懂。全书分为三篇，共十一章。第一章、第二章为基础篇，让民宿主知道这个行业的基本情况，尤其在国家层面的要求，具备怎样的条件可以从事民宿经营活动；第三章至第九章为实务篇，包括整理客房、消毒安全、餐饮安排、特色活动、财务管理、信息系统等经营事务活动；第十章至第十一章为案例篇，着重介绍、探讨浙江与台湾较有特色的民宿经典案例。

本书的最大特色在于将涉及的规划设计学、经济学、管理学以及旅游、酒店、民宿管理等相关理论融合在具体的篇章之中，主要有三个特点。一是完整的引导框架。将民宿经营者作为本书的主要阅读对象，由基本政策导向、开业所需条件、实际运行实务和经典案例借鉴构成相对完整的引导框架，以使民宿主能够从整体上把握所从事行业的图景。二是实用的操作手册。编写者有意将理论隐藏在语言的背后，力图用实用的操作步骤来描述经营过程，期望经营者可以简单实用地按照操作流程进行每天的运作。三是易懂的表达方式。本书尽可能用简洁、接近口语的方式来叙述，方便普通大众阅读。

民宿产业是新兴事业，处在不断发展变化之中，一本小册子难以包罗事物的全部。更因时间和水平的局限，书中一定存在许多不足之处，恳请广大读者批评指正。

编　者
2018 年 1 月于上海

目录
CONTENTS
旅游民宿经营实务

第一篇　基础篇

第二篇　实务篇

第三篇　案例篇

第一篇

基础篇

第一章

民宿概览

第一节　民宿发展的背景

一　民宿的定义

民宿的产生有很多说法，一说来自日本，也有说来自法国，还有一说来自英国。

来自日本的说法认为，"民宿"一词源于日本的民办旅店（Minshuku），是由登山、滑雪、游泳等爱好者租借民居而衍生并发展起来的。

来自英国的说法认为，20世纪60年代初期，英国的西南部与中部人口较稀疏，这里的农家为了增加收入，开始出现一种B&B（Bed and Breakfast，提供床和早餐）的方式接待来客，类似于家庭式的一般招待。现在国际出行较为流行的网站"爱彼迎（airbnb）"就是提供"床位＋早餐"的网站。

尽管从全世界范围进行准确考证，尚需一定时日，但从中国台湾地区的民宿发展过程中，可以清楚地看到有日本民宿的影子。

1984年左右，在台湾垦丁国家公园地区，民宿发展形成一定规模。最初是为了解决住宿不足的问题。因此，民宿只是一种简单住宿形态，既没有导览，也很少有餐饮服务。一方面旅游休闲区大饭店、旅馆住宿供应不足，另一方面，登山旅游爱好者有租住的需求，于是有空屋的人家开始挂起了民宿的招牌。民宿经营者直接到饭店门口、车站等地招揽游客，民宿逐步兴起而成为一个行业业态。

可以看出，台湾受日本文化的影响比较深，台湾民宿也与日本民办旅店较为相似，并以此为基础而发展形成了较有特色的台湾民宿产业。

以上所讲述的是境外民宿的发展情况，而境内民宿则是指利用当地闲置资源，民宿主人参与接待，为游客提供体验当地自然、文化与生产生活方式的小型住宿设施。其中，根据所处地域的不同可分为城镇民宿和乡村民宿。

二 民宿在我国大陆的发展历程

民宿在中国大陆的发展，要从住宿的演变历史说起。

新中国成立至1978年以前，提供住宿业务的以国营饭店、招待所为主。

1979～1988年，我国开始了改革开放的进程，外资开始进入中国，提供住宿的外资酒店带来先进管理经验和服务标准，合资或外资单体酒店成为高端酒店市场主体。

1989～1998年，市场经济的发展催生了高端酒店的需求，外资、合资和民营酒店开始百花齐放，提供住宿的业态数量迅速增加，酒店评星体系逐渐完善。

1999～2012年，大众出行迅速风靡，经济型酒店开始盛行；商务出行是这一阶段大众出行的主体，服务标准化需求催生了经济连锁酒店迅速扩张。

2012年以后，中国旅游度假需求增长迅速。大众出行不仅有商务出行，个人旅游也成为主流，人们对于客栈、民宿等个体化主题住宿的需求增加。

学者考察发现，国内的民宿业首先出现在经济发达的沿海地区。当时的民宿大多是自发形成的，初期以乡村农家乐为主，提供特色餐饮和娱乐，有的还提供简单的住宿服务。

三 民宿与国家战略

民宿的兴旺与乡村发展密不可分，从一定意义上说，民宿发展水平的高低与乡村建设的水平同步。

可喜的是，党的十九大报告中两次提到了"乡村振兴战略"，并将它列为决胜全面建成小康社会需要坚定实施的七大战略之一。在繁荣发展乡村经济、创造美好乡村生活、打造美丽乡村环境、全面增强乡村活力、营造文明乡村风尚、创新乡村治理等方面细化、实化政策，摆上了各级政府的议事日程。

为使乡村振兴战略落到实处，国家出台了一系列政策，比如强化政策支持保障，完善财政支农政策体系，使城市技术、人才、资金、管理等现代生产要素下乡等等。政策体系在建立完善、全面对接的通道上不断优化，从而为乡村振兴提供了有力支撑。

还有一点需要指出的是，我国推出的"厕所革命"也为民宿发展创造了条件。"厕所革命"是一场全球性革命，发展演变的路径，往往是从城市走向农村、从中心走向外围、从公共空间走向私人领地。在乡村，就是要"革"意想不到的顽固习俗的"命"，从而弘扬生机盎然的乡村进步气息，让游客感受到走向小康生活的新面貌。

建好"四好农村路"，是习近平总书记做出的重要指示，即"既要把农村公路建好，更要管好、护好、运营好，为广大农民致富奔小康、为加快推进农业农村现代化提供更好保障。"建好"四好农村路"的进一步推进，在于把农村公路"毛细血管"逐步打通，推动"公路＋旅游""公路＋产业"发展模式不断完善，为农村特别是贫困地区带去人气、财气。

"厕所革命""四好农村路"等具有中国特色的农村发展举措为旅游民宿发展奠定了物质基础。

四 民宿与科技进步

民宿能够超越式发展，得益于信息技术、大数据、人工智能的发展与普及。科技发展日新月异，一方面是沟通的无边界，另一方面是运输工具的发达，物流配送体系的不断完善，日益加强了点对点的互动。社会组织已经由过去垂直或水平式形态，转变为分散的形态，由点与点之间联结而构成的网络社会正在形成。

乡村相对封闭的状态得以打开，使民宿的发展能够超越自身条件的限制，融入现代文明的潮流之中。

"一个乡村就是一个乡土文化博物馆"的核心理念正在崛起：基于村落文脉和古居民群落整体保护，通过传统文化的艺术化、创意化、体验化，打造有故事的乡村民宿群落和精致乡村文化休闲体系，将创造传统与时尚碰撞的别致乡村生活方式。

五 全域旅游

现在越来越多的人对生活品质的要求提高，人们也不再满足于传统的农家乐、农庄和旅游景区提供的服务，转而投向精致高品位的民宿休闲旅游，因此各地民宿也如雨后春笋般纷纷涌现。

与此同时，全域旅游的提出为民宿发展注入了强劲动力。所谓全域旅游，是指一定区域内，以旅游业为优势产业，以旅游业带动、促进经济社会发展的一种新的区域发展理念和模式，是把一个区域整体当作旅游景区、空间全景化的系统旅游。

具体而言，城镇建设除了满足居民居住、生产功能外，还要注重文化特色和对外来游客的服务。

水利建设不仅要满足防洪、灌溉需要，还要为游客提供审美游憩价值和休闲度假功能。

交通建设和管理，不仅要满足运输和安全需求，还应建设风景道，完善自驾车旅游服务体系。

林业生态建设，除了满足生态功能外，还要形成特色景观，配套旅游服务功能。

农业发展，除了满足农业生产外，还应满足采摘、休闲等需求。

美丽乡村建设，除建成当地农民的幸福家园外，还应建成休闲度假乐园。

第二节　民宿发展的现状

一　民宿发展规模

"去哪儿网"的数据显示，截至 2016 年，全国大陆客栈民宿数量达到 53452 家，相比 2014 年涨幅达到 70% 以上。但是，2016 年民宿规模增速较 2015 年增速明显放缓。一方面因为部分热门区域民宿行业发展过快，竞争已经相当激烈，如在浙江莫干山地区就有民宿数千家；另一方面 2016 年多地政府出台相应法规，为民宿行业设定了门槛，限制了增速，以促使民宿业健康发展。

不完全统计数据显示，目前民宿从业人员达到近 100 万人。国家信息中心发布的《中国分享经济发展报告（2017）》显示，2016 年我国分享住宿市场交易规模接近 243 亿元。

二　大陆民宿群

民宿是一种伴随丰富而具特色旅游资源的住宿产品，很大程度上分布在我国热门旅游目的地。

中国大陆民宿群集中在北京地区，江浙东部地区，福建、广东等东南部地区，安徽、江西等以徽赣文化为特色的地区，云南、贵州、四川等富有民族特色的地区，湘黔桂地区，海南亚热带地区，以及东北、西北地区。

（一）北京地区

以北京为中心，包括以山海关、老龙头等知名景区为依托的秦皇岛市在内的京津冀区域，旅游资源颇具特色，尤其是北京作为我国政治文化中心，常住人口有 2000 万，对周边民宿的需求较为旺盛。

（二）江浙东部地区

以苏州、无锡、杭州、湖州、嘉兴等为中心。这一区域旅游资源丰富，人文环境优美，经济发达，城乡差别较小，构成一幅江南民宿画卷。

（三）东南部地区

以厦门、广州、深圳为中心。近年来，随着越来越多的过夜游客涌入厦门，厦门民宿业快速扩张，数量呈现几何式增长。这一区域位于珠三角城市群，经济体量巨大，居民消费能力强，人口数量接近 5000 万，是中国人口最密集的地区之一。另外，福建、广东沿海旅游资源独特，气候适宜，在冬季民宿的需求比较大。

（四）徽文化地区

传统徽文化地区由安徽黄山和江西婺源等地组成，其历史文化对皖、赣、浙辐射影响巨大，特别是在建筑文化形态上，徽派建筑文化誉满中国。该区域内自然和文化景观非常丰富，包括西递、宏村世界文化遗产，黄山世界文化与自然遗产，三清山自然文化遗产等，景色独特，美誉度高。

（五）云贵川地区

丽江、大理等古城、古镇区域，民宿客栈数量相对较多。古城、古镇本身所拥有的文化底蕴以及文艺气息，与民宿所要展现的情怀十分切合，因此，古城、古镇被大多数民宿主人青睐，成为民宿选址的热门地区，由此也带来了民宿在古城、古镇区域的迅速生根与蓬勃发展。区域内自然景观的奇异性和独特性都很高，少数民族文化斑斓多姿，拥有 1 个世界自然遗产（三江并流）、1 个世界文化遗产（丽江古城）、1 个世界地质公园（大理苍山）。

（六）湘黔桂地区

这一区域的民宿主要分布在湖南、贵州、广西三省交界处，这里山水相交，景色绝美，同时这里也是多民族聚合交融、和谐共处之地。民宿为游客带来别样体验，因此，这一区域民宿较为发达。

民宿在发展的初期，主要分布在云南、四川等西南部地区以及东南沿海经济发达地区。西南部地区多为高原气候，四季如春，空气能见度高，光照量大，夏天气温不高，冬天也不寒冷，一年四季适宜游玩的天气在全国来讲最多。相比而言，西北地区以及东北地区适宜游玩天气数量偏少。这一分布特征与我国旅游业的整体发展现状相吻合，即旅游民宿的分布集中于旅游业比较发达的区域。

（七）东北、西北地区

随着美丽乡村与全面决胜小康社会建设步伐的加快，我国广大农村地区民宿发展的前景一片光明，西部、北部地区的民宿可以借鉴已有民宿发展中的经验教训，实现更高层次的跨越。东北、西北地区的民宿数量相比南部地区较少，但可根据自身的特点，利用气候环境优势，打造一批融滑雪、登山、徒步、露营等为一体的冰雪旅游度假区，统筹周边乡村旅游，推出冬季复合型冰雪旅游基地和夏季避暑休闲度假胜地，强化"景区带村""由村促宿"的辐射作用。

三　民宿价格分布

目前，我国民宿每天每间客房的定价分三大层次。

一是 100 ~ 300 元，其比例在 60% 左右；

二是 400 ~ 1500 元，其比例占 20% ~ 30% ；

三是 1500 元以上，其比例在 10% 左右。

在旺季是上述价格，在淡季则都有相当的折扣。随着民宿经营者对特色、品牌的追求，民宿价格层次将呈现逐步拉大的趋势。2017 年，通过网站预定平台上发布的价格可以看到，有的具有品牌特点的民宿旺季单间价格在 3000 元人民币以上。

第三节 民宿的属性

民宿不同于传统的饭店、旅馆，通常没有高级奢华的设施，但它能让人体验当地风情、感受民宿主人的热情与服务，并体验有别于普通的生活。

习近平总书记强调，新农村建设一定要走符合农村实际的路子，遵循乡村自身发展规律，充分体现农村特点，注意乡土味道，保留乡村风貌，留得住青山绿水，记得住乡愁。从这个意义上说，民宿的属性应该具有如下几个基本特点。

一 乡土纯真

乡土纯真是旅游民宿的本色，务须保留。心理学知识告诉我们，人们往往都有猎奇的心理，有时候偏偏就喜欢一些"原味"的东西。

这里所说的"原"，首先是指原来就有的、独特的民居、桥梁、古道等等，这些都是旅游民宿的核心、古老淳朴文化的载体。所谓"越是民族的，越是世界的"。加拿大的农庄民宿、土耳其的洞穴酒店等等，极好地保存了原有区域的整体风貌，中国的旅游民宿经营开发也应如此。这种乡土纯真，与城市司空见惯的现代化建筑形成迥然不同的对比，差异化的景观、差异化的民居无疑是旅游民宿最大的竞争优势。

因此，国家也倡导"三不一就"的独特新农村建设，即"不砍树、不占田、不拆房，就地新农村建设"。其用意就在于强调保护乡村原有的自然生态和文化环境。

这一点在台湾民宿经营上体现得较为明显。住在一个有特色的民宿，享用民宿主人的私房美食，听听民宿主人的开拓历史，是当今台湾地区颇为盛行的人文旅游的独特体验。

二　山野风味

山野（乡野）风味是旅游民宿的又一个特有属性，乡野的味道越是久远，越是绵长，越是令人难以忘怀，以至于令来自都市的城里人，有了挥之不去的离愁别绪。有些童年、少年在农村生活的人们，如今由城市到乡村来旅游，民宿及其周遭的一草一木就成为他们记忆中的故园，令人难以忘怀。乡村之所以为乡村，就在一个"野"字，那些山野中茂密的树林，那些一望无边的田野庄稼，无不勾起游子儿时的记忆。

"山野风味"就是旅游民宿自己的自然之美。民宿经营者应该充分抓住"野"的特点，使游客体会一种田野风光、回归自然的惬意。

三　乡俗民风

中华文明五千年，源远流长。千百年以来农耕文化的积淀形成了特有的生产方式、生活习俗、民族风情和传统节庆，所有这些构成了乡村浓郁的文化特性，其中有历史、有故事、有情趣、有风俗。这种乡俗民风对于现代人而言弥足珍贵，也是久居闹市的城里人所梦寐以求的。

旅游民宿的卖点就在于人们到民宿居住，入乡随俗，参与和体验。每个乡村都有民俗活动，是城里人所未曾感受的。因此，原汁原味的农趣，由俗不可耐升华为随俗雅化，来游玩的大人们重温了童年的味道，也让孩子们能体味农村真正的情趣。

应该说，乡间"俗"物"俗"事数不胜数，无处不在。非物质文化中除了民俗的节庆，当然还包括各种民间的社会礼仪、传统工艺、风味小吃等等。这些是宝贵而丰富的旅游资源。

因此，民宿和旅游应相互结合。对民宿主而言，要开发、归纳、整理好更多的能体现自身民宿特色的产品和活动。比如，现有经营较好的民宿不仅有民宿主或管家为游客导游导览，而且提供富有浓郁地方特色的手工制作活动，使游客能体验到乡俗民风的活的载体。

四　古朴沧桑

旅游民宿之所以区别于都市酒店，就在于民宿保持了一种古味，透射出文脉的传承。

由于受到地形气候、历史文化、社会经济等诸多因素的影响，我国广大的乡村有许多古迹，可谓千姿百态、风格迥异。旅游民宿可以建立在这样一个深厚基础之上。

对人们具有吸引力的地方，就是民宿扎根在古老的村庄，这显得尤为珍贵。民宿主要梳理当地的文脉并传递到现在的文韵，整理保存自己独特的故事。

民宿的古风、古朴、古香和古色，可能更多体现在民宿外形上。如果民宿家中本身就有古井、石岩、石磨，就应该好好地保存，与建筑设计风格保持一致。此外，民宿内部装修应该考虑和城市一样的现代舒适化生活的要求，应该加以现代化的改造。但是，需要注意的是民宿外观的整体性和统一性，要保持外观与周边环境相一致。不能出现违和感，即民宿外形不能破坏与周边环境的协调。也不能出现文化错乱感，即民宿建筑的各个方面应与当地民族风格相一致。

五　现代文明

发展现代文明与保持乡村原有风貌特征不矛盾，一方面现代文明是美丽乡村建设的追求目标之一，另一方面，现代文明与美丽乡村互为发展前提，可以说是一体两面。在民宿经营中强调现代文明有现实意义。所谓现代文明通常包括现代文明的生活方式、现代文明的生活设施以及现代文明的科学技术。

（一）现代文明的生活方式

包括规则意识和公共生活意识。

规则意识，是指发自内心的、以规则为自己行动准绳的意识。比如遵守住宿规则、遵守法律法规、遵守社会公德、遵守游戏规则的意识。民宿中的乡野、古风只有建立在规则意识基础之上，才能绽放光彩。民宿主既要制定针对游客的规则，又要有民宿自己的经营规则。

公共生活意识，即在公共生活中对他人权利的尊重。民宿经营者要把这些理念具体体现在与客人的交往场景中，要借鉴酒店管理的服务规范。比如，清扫客房要敲门，通报清理卫生，获得许可后，方能开门进入客房清理；对客人也要分清私人生活和公共生活的边界，比如，提醒客人不要大声喧哗，以免影响他人。

（二）现代文明的生活设施

主要包括供暖、供冷以及卫生洁具两大类。

在民宿设施配备上，供暖、供冷是现代生活的基本要求，目前多数民宿都配置有空调设备，基本上满足了客人的需要。但是，从舒适的角度考虑，民宿主应该将这些基本配置做得更加人性化和舒适化。比如，有的夏热冬冷地区的民宿不是简单地装配有冷暖空调，而是通过地源热泵采暖。地热采暖的一大好处就是环保，没有氮氧化物、二氧化硫和烟尘的排放，无污染。随着环保、清洁能源的开发利用，民宿主可以采用更加多样的冷暖供应设备，营造更加舒适的住宿环境。

卫生洁具选择看似是一个小事，但民宿档次的高低与此息息相关。地处农村的民宿尤其要关注卫生洁具的选配。国家政策层面一直强调"厕所革命"，就在于厕所是衡量文明程度的重要标志之一，改善厕所卫生状况直接关系人们的健康和环境状况。

（三）现代文明的科学技术

包括通畅网络、清洁能源和环境保护三个主要方面。

通畅网络。工信部发布的信息显示，2017 年上半年国内手机上网用户突破 11 亿，具体来看，我国移动电话用户总数已经达到 13.6 亿，手机已经成为人们必不可少的随身品。根据国外的研究，平均每 6.5 分钟我们就会看一眼手机。不仅如此，我们每天起床第一件事情便是看手机，而晚上睡觉之前的最后一件事也是看手机。因此，民宿提供通畅的网络就成为必要条件。你可以身处山野，但不能离开网络。

清洁能源，即绿色能源，是指不排放污染物、能够直接用于生产生活的能源，包括核能和可再生能源。可再生能源，是指原材料可以再生的能源，如水能、风能、太阳能、生物能（沼气）、地热能（包括地源和水源）、海潮能等能源。民宿大都处在山野之中，在以往道路不通、信息不畅的时代，许多现代文明的成果难以引入农村。现在我们国家正在全面建成小康社会，以实现中华民族伟大复兴。对农村而言，就是缩小差距、补齐短板。民宿可以弯道超车，在建设和配置上更多采用现代科学技术的成果。比如，清洁能源的使用。

环境保护。民宿作为旅游业的配套，如何在发展的同时尽可能减少对环境的不利影响？这不仅是政府思考的问题，也是民宿经营者要解决的问题。民宿的兴旺发达建立在周边生态环

境优美的基础之上，皮之不存，毛将焉附？游客入住民宿不就是来看清澈的海水、湖水，翱翔其间的飞鸟，绚烂多彩的花草吗？民宿主要提高环保意识，将生活废弃物分类排放、有序处置，按照统一的规定进行处理，实现达标排放。可以说，留住青山绿水，同样也保存了民宿的生命。

第四节 发展民宿的相关政策

近年来，随着国民收入水平的提高，人们对旅游的热情持续高涨，旅游民宿就成为许多出游人的选择。国家对民宿的发展出台了一系列相关政策，从试点、合法化到促进、规范，民宿发展日益健康、有为。旅游民宿中很多不合规的情形，得到了较为有力的规范和管理。

一 试点阶段

2014 年 12 月 31 日，中共中央办公厅、国务院办公厅印发《关于农村土地征收、集体经营性建设用地入市、宅基地制度改革试点工作的意见》，决定在全国范围选出 30 个左右县（市）行政区域进行试点。这标志着我国农村土地制度改革即将进入试点阶段。这些试点将在新型城镇化综合试点和农村改革试验区中选择，封闭运行，确保风险可控。

二 合法化阶段

2015 年 11 月 19 日，国务院办公厅印发《关于加快发展生活性服务业促进消费结构升级的指导意见》（国办发〔2015〕85号），在第（九）项"住宿餐饮服务"中首次提出"积极发展客栈民宿、短租公寓、长租公寓等细分业态"，将民宿定性为生活性服务业，并给予多维度政策支持。《指导意见》推动了民宿经营合法化。

三　鼓励支持阶段

2016 年以来，中央及各级地方政府出台了一系列鼓励支持发展民宿业的政策，使支持政策更加多样而具体。从鼓励支持的角度区分，可以将其划分为两大类，即直接支持和间接支持。

1. 直接支持

2016 年 1 月 27 日，《中共中央、国务院关于落实发展新理念加快农业现代化实现全面小康目标的若干意见》（中发〔2016〕1 号）发布，明确指出，要大力发展休闲农业和乡村旅游，有规划地开发休闲农庄、乡村酒店、特色民宿、自驾露营、户外运动等乡村休闲度假产品。

2. 间接支持

通过改善民宿经营环境、发展条件等要素，为民宿的发展提供必要的支撑。

2016 年，《住房城乡建设部、国家发展改革委、财政部关于开展特色小镇培育工作的通知》（建村〔2016〕147 号）发布，在"组织领导和支持政策"中提出两条支持渠道：一是国家发展改革委等有关部门支持符合条件的特色小镇建设项目申请专项建设基金；二是中央财政对工作开展较好的特色小镇给予适当奖励。

2016 年 10 月 8 日，国家发展改革委《关于加快美丽特色小（城）镇建设的指导意见》（发改规划〔2016〕2125 号）表示将加强统筹协调，加大项目、资金、政策等的支持力度。

2016 年 10 月 10 日，《住房城乡建设部、中国农业发展银行关于推进政策性金融支持小城镇建设的通知》（建村〔2016〕220 号）进一步明确了中国农业发展银行对于特色小镇的融资支持办法。住房城乡建设部负责组织、推动全国小城镇政策性金融支持工作，建立项目库，开展指导和检查。中国农业发展银行将进一步争取国家优惠政策，提供中长期、低成本的信贷资金。

2017 年，国家发展改革委等 14 部门联合印发《促进乡村旅游发展提质升级行动方案（2017 年）》，具体从三个方面提出 13 条针对性、可操作性强的政策措施。其中，鼓励依托重要文化和自然遗产地等公共资源建设的景区，在符合景区承载力前提下，在淡季探索实行免费开放日（周），带动周边乡村发展民宿、餐饮、购物等业态。

四　规范阶段

在鼓励支持民宿发展的同时，为使该行业健康可持续发展，中央及各级地方政府相继出台了一系列政策、法规，规范行业经营行为，指导民宿有序发展。

2016 年，国家发改委、中宣部、科技部等十部门从促进绿色消费、加快生态文明建设、推动经济社会绿色发展的角度出发，联合出台了《关于促进绿色消费的指导意见》，提出："支持发展共享经济，鼓励个人闲置资源有效利用，有序发展网络预约拼车、自有车辆租赁、民宿出租、旧物交换利用等。"

2017 年 8 月 21 日，国家旅游局发布了《旅游民宿基本要求与评价》等 4 项行业标准，从 2017 年 10 月 1 日起正式实施。《旅游民宿基本要求与评价》的出台不仅为民宿健康可持续发展提供了引导性规范，让相关部门和从业者从此有据可循，而且通过内容创新，在推动旅游住宿业供给侧结构性改革和助力全域旅游发展方面将发挥重要作用。

五　各地支持政策类型

1. 按照民宿投入金额划分

如杭州市旅游局发布关于《申报 2016 年杭州市农村现代民

宿业扶持项目的通知》，对民宿示范点投入额在 150 万~300 万元的每个项目补助 40 万~50 万元，对投入额在 300 万元以上的每个补助 80 万~100 万元；对民宿示范村每个补助 80 万元。

2. 按照民宿房间数量划分

如浙江丽水景宁县景宁民宿补助按照每个标准间合格、优良等级一次性分别给予 8000、10000 元，单人房间的一次性分别给予 6000、8000 元以奖代补资金的专项补助。

3. 按照民宿面积划分

如浙江省松阳民宿改造补助规则是：现代建筑按建筑面积每平方米 60 元给予补助；未列入"拯救老屋行动"的挂牌历史文化建筑按建筑面积每平方米 300 元给予补助。

4. 按照是否获奖划分

如浙江省温州洞头区，民宿经营业主参与区民宿质量等级评定。根据《渔家乐民宿质量等级评定与管理要求》地方标准规范，被评为区级精品民宿的一次性奖励 3 万元，被评为区级特色民宿（特色客栈）的一次性奖励 5 万元。

第二章

民宿经营的
基本条件

从最初的农家乐到日益规范的民宿业态,民宿自其诞生以来,以鲜明个性化色彩、温馨体贴式服务,成为整个住宿领域的翘楚。然而,随着民宿井喷式发展,在它带来商机的同时,暴露的问题也越来越多,致使民宿发展处于一种无序状态。在可持续发展的目标指导下,各地根据本地实际情况出台了一些地方法规,促进了民宿的健康发展。2017 年 8 月 21 日,国家旅游局发布了《旅游民宿基本要求与评价》等 4 项行业标准,并从 2017 年 10 月 1 日起正式实施。由此民宿业有了自己的行业标准。

第一节 开业条件

一 国家标准"八大件"

国家出台的行业标准包括基本要求与评价两个方面。在基本要求方面,强调民宿经营场地应征得当地政府及相关部门的同意;经营者必须依法取得当地政府要求的相关证照,并满足公安机关治安、消防相关要求。民宿单幢建筑客房数量应不超过 14 间(套)。此外,民宿从业人员还应经过卫生培训和健康检查，持证上岗。这些标准可以归纳总结为开业"八大件"。

1. 场地合法

旅游民宿经营场地的房屋产权清晰，应符合本辖区内的土地利用总体规划、城乡建设规划、所在地旅游民宿发展有关规划。

2. 证照齐全

经营应依法取得当地政府要求的相关证照，满足公安机关治安、消防相关要求。

通常而言，证照可分为"一照、二许可、一合格"：营业执照，特种行业许可证、餐饮经营许可证，消防安全检查合格证。

3. 治安消防

治安、消防是民宿经营者必须关注的重点事项。根据当地公安部门的要求，各民宿经营者需制定、落实旅客住宿登记制度，安装旅客住宿登记系统，在接待处配置电脑等设备，铺设上传网络。

经营者应及时登记旅客资料，将每日住宿旅客资料登记后，按时传送到信息终端，具体时间各地有自己的规定。

对未携带有效身份证件的旅客，经营者应报当地派出所进行身份核对。

不接待涉外人员住宿。如需接待的，必须取得当地公安局出入境管理部门批准。

以上是合规经营的基本要求，务请民宿主高度重视。

4. 用水达标

根据颁布的行业标准，生活用水（包括自备水源和二次供水）应符合 GB5749 要求。

5. 食品达标

食品达标包括食品来源、加工和销售等环节达标，国家要求食品应符合 GB14881 标准。

6. 卫生达标

卫生条件应符合 GB16153、GB14934、GB9663、GB/T 17217 要求。

7. 节能环保

旅游民宿建设、运营应因地制宜，采取节能环保措施，废弃物排放符合 GB8978、GB18483、CJJ/T102 要求。

8. 持证上岗

从业人员应经过卫生培训和健康检查，持证上岗。各地对从业人员的培训、考核有具体的措施。

二 地方开业条件

各地在国家标准还没有出台以前，已经根据当地情况，制定了规范民宿发展的条文。在民宿发达的浙江、江苏、福建、云南等地，都分别出台了相关的支持与规范的政策、法规，具体条件更加细化。为了使民宿主对我国相关地区行业发展的现状有所了解，现就七个方面做概括介绍。

1. 关于场地合法

（1）房屋产权清晰，单体建筑面积一般在 600 平方米以内（村集体用房、农林场房可适当放宽），建筑层数不超过 5 层（含）、房间 15 间以下。房屋结构坚固，通风良好，光线充足；鼓励开业前对经营用房进行房屋结构质量安全检测。

（2）经营场所无安全隐患，对可能出现危险的地方，应设置警示标志。

（3）每层楼面至少设一个通风采光的卫生间，地面应经防滑处理且有防滑标志，干湿分隔，卫生条件应符合 GB/T17217 规定，配备洗漱台、淋浴装置、梳妆镜等设施。

（4）经营场所应距离粪坑、污水池、动物养殖场等污染源

25 米以上。

2. 关于治理安全

各地在治理安全方面规定较为细致，比如，要求民宿在接待处、出入口和主要通道必须安装视频监控系统，而且摄像机像素不低于 700 线，储存时间不少于 30 天，监控设备安装要符合地方标准。

在保证游客财产安全方面，要求民宿内应设置用于住客寄存贵重物品的设施。民宿客房要安装防盗搭扣。具体到楼层也有要求，如一楼应安装防盗设施，设施要有便于由内向外开启的装置。

3. 关于消防安全

主体建筑的耐火等级不应低于二级，但屋顶承重构件可采用燃烧体。当主体建筑耐火等级为三级（屋顶承重构件除外）时，建筑层数不应超过 5 层，且最大层建筑面积不应大于 240 平方米；当主体建筑耐火等级为四级（屋顶承重构件除外）时，建筑层数不应超过 2 层，且最大层建筑面积不应大于 300 平方米。

主体建筑至少有一个能供火灾扑救的立面，该立面不应安装影响逃生和火灾扑救的固定防盗网、金属栅栏、广告牌等遮挡物；每间客房均应设有面向户外的窗户，且客房窗户、阳台不得设置金属栅栏，确需设置金属栅栏的，应当能从内部易于开启。

应按每层不少于两具的标准配备灭火器；每层建筑面积超过 100 平方米的，应按每 50 平方米 1 具的标准配备灭火器。灭火器应当选用 2 公斤以上的 ABC 型干粉灭火器，并应放置在公共部位的明显位置。

设置能覆盖照明所有楼梯间、疏散走道的消防应急照明灯具。

开关、插座和照明器靠近可燃物时，应采取隔热、散热等保护措施，白炽灯、镇流器等不应直接设置在可燃装修材料或可燃构件上。明敷的电气线路应穿阻燃硬质 PVC 管或金属管保护。

除厨房外，不得使用明火。不应存放液化石油气罐和甲、乙、丙类易燃可燃液体。确需存放的，应存放在独立的建筑内。厨房与其他部位应当采取分隔措施，并设置自然排风窗。燃油、燃气锅炉房不得设置在主体建筑内。

设置零售、餐饮等辅助功能用房的，应设在首层或第二层，且其建筑面积不应大于 200 平方米；场所内不得设置营业性娱乐场所。

疏散楼梯应采用室内封闭楼梯间或室外疏散楼梯，确有困难时，可采用敞开楼梯间，但房间门应设乙级防火门；疏散楼梯应采用不燃烧体；疏散楼梯净宽不宜小于 1.1 米；疏散通道和安全出口应当保持畅通，严禁在疏散通道、安全出口处堆放物品影响疏散。3 层（含）以上楼层应每层配置有逃生绳或缓降器、逃生软梯等逃生设施，且应采取保护措施。

符合下列条件之一的民宿，可设置 1 部疏散楼梯：

（1）楼梯间可通屋顶平台，通向屋顶平台的门或窗应向外开启，屋顶平台安装有应急照明灯具，且该屋顶平台可通向相邻建筑进行疏散；

（2）主体建筑为 3 层及 3 层以下时，其每层最大建筑面积不大于 200 平方米；主体建筑为 4 层及以上时，其每层最大建筑面积不大于 120 平方米。

每间客房应配备逃生用口罩和手电筒等设施。

每间客房、走道、楼梯间内应设置独立式感烟火灾探测器。

4. 关于卫生安全

卫生安全具体包括两个方面，从业人员持有效健康证明

（上墙公布）和卫生知识培训合格证明，个人卫生良好；掌握岗位基本卫生知识，配备专（兼）职卫生管理员。

相关配套用房和设施标准按《公共场所卫生标准》执行。

5. 关于食品安全

（1）至少单独设立原料粗加工间（区）、切配烹饪间（区）、餐用具清洗间（区）和餐厅，其中切配烹饪间面积不小于8平方米。

（2）清洗餐具和原料的水池应分别设置，不得混用。

（3）切配烹饪间需室内单独设置，不得露天敞开设置。切配烹饪间地面铺设防滑地砖，四周墙面铺设浅色瓷砖至顶。

（4）根据民宿餐饮服务的规模大小，配备与经营规模相适应的冰箱、冰柜等冷藏设施，电子消毒柜和餐具清洁柜、切配操作台。各个卫生保洁设施正常运转和使用。

（5）所有的餐饮从业人员都要进行年度健康体检和食品安全知识培训，取得健康证后上岗。严格执行餐饮食品安全操作规范。

6. 关于环境保护

在环境保护方面，国家标准强调油烟、污水等要经处理达到排放标准；推行可回收、餐饮、其他垃圾等分类处理等。

具体而言，各地规范指出，民宿的生活和餐饮污水必须经无害化处理后达标排放，可以直接或经预处理后纳入村级生活污水集中处理设施进行处理。产生的油烟必须配套设置污染防治设施，油烟经处理后应当符合规定的排放标准。推行生活、餐饮垃圾分类处理。

自然保护区、饮用水源保护区、重要的自然与文化遗产、风景名胜区等禁止准入区，严禁新建、扩建规模民宿项目。

7. 关于规范管理

（1）建立完善的服务礼仪规范和民宿内部管理制度；

（2）有明确的服务内容及相关收费标准、住客须知，设立投诉电话；

（3）鼓励经营业主为住客提供旅游意外保险。

第二节 民宿办证程序与材料

一 办证的一般程序

(一) 提交申请

需要经营农村民宿的农户或经营主体，须向所在村级组织提出书面申请，并填报《农村民宿申请表》，经村级组织签署意见后提交乡镇（街道）。

(二) 审核审定

按照各自的职责，公安和消防委托当地派出所、市场监管局委托市场监管所、环保局委托环保所、卫计局委托当地卫生院等单位对申报的农村民宿项目做好初步指导工作。由当地乡镇（街道）负责人签署初审意见后上报各区、县（市）主管部门；由主管部门牵头不定期召开部门协调会予以审核，审核同意后各部门按要求办理相关手续。也可以由相关部门单独审核直接办理相关手续。不符合条件的，一次性告知申请人。

(三) 证照办理

民宿主先行办理营业执照，并办理税务登记等证件，相关职能部门根据验收通过的意见，办理消防备案及开业前消防安全检查、特种行业经营、餐饮服务等许可证。

1. **营业执照材料清单**

（1）经营者身份证复印件；

（2）经营场所使用证明（自有房产提供所在村出具的该住宅属合法建筑同意经营的证明，非自有房产需提供租房协议复印件）；

（3）经营者一寸照片一张；

（4）办理个体工商户营业执照所需的工商登记的相关表格、名称核准文件等；

（5）如需办理公司制企业，还要提供办理公司制企业所需的工商登记的相关表格、名称核准文件、企业章程等。

2. **特种行业许可证材料清单**

（1）营业执照复印件；

（2）《特种行业许可申请登记表》；

（3）《消防安全检查合格证》；

（4）经营场所功能区分布及面积的平面示意图，建筑各层消防设施平面布置示意图。

3. **餐饮经营许可证材料清单**

（1）营业执照复印件；

（2）《餐饮服务许可申请书》；

（3）负责人身份证复印件（外地人要提供暂住证复印件）；

（4）从业人员健康体检合格证明原件及复印件、从业人员身份证复印件；

（5）经营场所平面布局图；

（6）食品安全承诺书。

第三节 民宿设施建筑条件

民宿，究其本源，仍是一种建筑物。建筑物通常以稳固性和安全性两个方面作为检验合格的标准。而民宿作为一种特殊的建筑物，必然在此基础上有着更加严格的规定。

一 合法

合法与安全是民宿设施建筑的首要条件。租赁他人建筑物开展民宿经营的人尤其要关注合法性，因为这是经营的前提，离开了合法性就得不到法律的保护。

合法建筑要同时拥有"四证"：土地使用证、规范许可证、准建证和房屋产权证。

1. 土地使用权证

分为集体土地、国有土地两类。前者多属农村，其土地使用权证要乡镇级土管所出具；后者多属城区，其土地使用权证要县级及以上国土局出具。

2. 规范许可证

在农村集体所有土地上规划建房，要由乡镇级规划部门批准；在国有土地上建房，要由县级及以上规划部门批准。

3. 准建证

在农村集体所有土地上规划建房，要由乡镇级建设主管部门批准；在国有土地上建房，要由县级及以上建设主管部门批准。

4. 房屋产权证

产权证通常由当地县级及以上房地产管理局办理。一般还需要携带本人身份证、户口本、土地使用权证、规范许可证和准建证。

二　安全

所谓安全性是指经营的建筑物应通过 JGJ125 房屋安全性鉴定。为了能够有效利用既有房屋，同时保证房屋结构的安全，民宿建筑物需要符合 JGJ125 中有关房屋建设的基本要求。作为民宿主，在建设民宿时，需要注意以下几个问题。

1. 地基

地基的选择和处理是否正确，地基的设计与施工质量的好坏均直接影响建筑物的安全性、经济性和合理性。

2. 高度

整个民宿的高度不能超过 100 米。

3. 墙体

整个房屋的承载能力、构造与连接、裂缝和变形等内容都要通过房屋安全性鉴定。

4. 警示标志与安全设施

民宿应当在易发生危险的区域和设施设置安全警示标志，安全标志应当符合 GB2894 的要求。民宿内应当配备必需的常用安全设施，例如消火栓、高压水枪（炮）、防护栏（网）、电器过载保护设施等。

5. 依法设计、施工

新建、改建的建筑物应当符合城乡规划的相关规定和有关工程建设强制性标准，依法设计、施工。改建的建筑物，不得破坏建筑主体和承重结构，必要时还应采取加固措施并进行安全鉴定，以确保建筑使用安全。

三　舒适

民宿行业也是一种服务行业，同酒店一样，民宿的舒适性直接影响顾客的体验和感受，从而影响入住率。

1. 从人口密集度的角度来说，民宿单幢建筑客房数量不应超过 14 间，为顾客营造最舒适的空间感。

2. 墙体除了通过安全性鉴定外，还应当具有更高层次的要求，例如应当采用钢筋混凝土等隔音性较好的材料。

3. 主、客区域应当相对独立，合理划分功能区域和公共区域，方便顾客获得不同的功能体验。

四　禁止

所谓禁止是指禁止新建和扩建民宿的地方。国家标准明文规定，在自然保护区、饮用水水源一级保护区、重要的自然与文化遗产、风景名胜区的核心景区等高敏感区域，禁止新建、扩建民宿项目。

第四节　民宿的附属设施

民宿虽小，但五脏俱全。所以，一家民宿，除了本身具有个性化装修以外，其自带的附属设施应是吸引顾客的最大着力点。民宿附属设施通常包括三大类：一是餐厅、交通等基本生活设施；二是麻将室、咖啡厅、KTV、游泳池等休闲娱乐设施；三是景点等景观资源设施。另外，如果一家民宿还拥有茶室、会议室、书院、农舍等极具个性化特征的娱乐设施，对于民宿和顾客的体验来说可谓锦上添花。

一　基本生活设施

1. 餐厅

民以食为天，餐厅设施齐全是民宿的基本条件，富有当地风味的小吃或大餐都可在这里得到呈现。纯天然的瓜果蔬菜，少了食品添加剂的香气，却拥有浓浓的大自然的味道，能够抓住顾客的心。

值得指出的是，民宿餐厅应当保持干净整洁，其中食品来源、加工、销售等环节都应当符合 GB14881 要求。

2. 交通设施

随着私家车的普及，自驾成为人们出行的首选。若一个民宿选在小轿车无法进入或者不方便进入的地方，无疑会给顾客留下不愉快的体验。因此，选址时要充分考虑周边交通运输的条件，并且民宿自有停车场应是必须具备的设施。

二 休闲娱乐设施

1. 咖啡厅

一本书，一杯咖啡，一点暖阳，是很多人心目中期望的休闲方式。民宿附有咖啡厅的设施，可将这种岁月静好、花好月圆的场景表现得更加淋漓尽致。

2. KTV 等音响设施

如今，KTV 已经成为城市市民放松身心的普遍选择。民宿配备这样的设备，借鉴城市休闲娱乐方式，相信会给自家的民宿增添魅力。事实上，现在比较有特色的民宿，多修建了个人KTV 活动室，受到游客的普遍欢迎。

3. 球类

球类是大众化的活动，深得人心。例如乒乓球、羽毛球，是我国普通大众喜闻乐见的活动方式。配置几张乒乓球桌，不仅能丰富游客的业余活动，而且经济实惠。如果条件允许，可以建一个足球场，相信会有很多慕名而来的亲子、朋友，在休闲之余进行一场友谊比赛。

4. 游泳池

游泳，一种既锻炼身体，又减肥塑形的休闲方式，一直都是城市民众的最爱。修建游泳池一直是酒店的卖点，比如新加坡金沙酒店空中游泳池，就成为新加坡滨海湾一大特点。民宿拥有游泳池更是平添了一大竞争优势。

5. 烧烤设施

烧烤作为一种活跃气氛、拉近距离的特色小吃，逐渐成为休闲娱乐的重要方式。有些团建项目中对烧烤有特殊要求，民宿应有能满足接待类似游客需要的硬件设施。

另外，麻将室、吧台等等，也可以作为娱乐设施。

三 景观设施

虽然大多数人是为了体验民宿而住民宿，但是大数据表明，地址选在旅游景点附近的民宿的入住率比偏远地区的民宿要更高一些。

与民宿相辅相成的周边环境，其吸引力是不可估量的。即便交通条件没那么理想、离市场群体较远，但民宿主凭借场地本身的吸引力，同样能建造优秀的具有吸引力的民宿。例如丽江、大理、莫干山等区域市场开发情况就比较好，周围环境景观包含山川、河流、湖泊、雪域、森林、草原等自然景观和田野、乡村、民居等人文景观。民宿不一定非要在知名风景区、旅游区，只要选址所在地风景佳、视野好、能吸引人、具备度假要素即可。

以杭州的民宿为例，周边环境的人文景观以杭州灵隐寺、博物馆等为主，而自然景观以莫干山、西湖等青山绿水的优美景观为主。

此外，民宿需要关注客源的种类和变化趋势，比如，需要团建的公司往往会选择有会议室的民宿，热衷于茶道的顾客更偏向于有茶室和茶园的民宿。顾客可能不会要求一个民宿十全十美，却会因为某一个亮点而选择这家民宿。

第五节　民宿的内部装饰

　　相比较民宿的外观，民宿内部空间的装饰最能体现民宿文化特色，也最能反映主人的生活理念，精妙的装饰往往起到画龙点睛的作用。大到整体的内部装饰风格，小至大门的把手，民宿可以通过装饰上的别出心裁来营造一个自己心中完美的家，从而使游客一进门就能感受强烈的个性氛围。

一　材质选择

　　1. 材质选择上应该就地取材，尽可能选取天然材料，如室内的柱子、墙体等可多采用当地的木材、石砖之类带有地区历史文化特征的材质，将对环境的破坏降到最低程度，使人与自然达到巧妙的平衡。

　　2. 乡土材质的选择上应考虑到后期的维护和替换，充分遵从可持续发展的原则。

　　3. 除基础的装饰材料外，从外部引入的材质应与民宿主题、外部环境相平衡。

　　4. 局部材质可以实现差异化，如客房的装饰材质，但应当与主题风格相契合。

二　颜色搭配

　　色彩是室内装饰中最活跃的因素，是整个民宿内部设计的灵魂。颜色的选择体现民宿主人的喜好和用心，反映民宿的整体气质。

1. 装饰主要颜色一般两三种为宜，避免单色的单调乏味和多色的繁杂凌乱。

2. 通过大面积的颜色表现民宿鲜明的主题风格和个性，如滨海主题民宿，会采用蓝色和白色的搭配来凸显海洋特色。

3. 客房色彩的搭配选择偏暖色调为宜，温暖的色彩环境更容易营造放松温馨的氛围。

4. 装饰所需的涂料应选择环保、无污染、无危害的环保油漆。

三 装饰物布置

1. 民宿内起到装饰作用的生活必需品，应考虑实用与装饰功能互相协调。

家具、餐桌椅、橱柜等可采用原木、竹藤等天然材质。

地毯、窗帘、床具等在当地农家风格的基础上加以改进。

2. 挖掘符合主题风格的特色器物，将其改造成为陈设布局的一部分。

如音乐主题，可选择唱片、乐器作为专属装饰。

日系风格，引入蒲团、榻榻米、木屐等作为特色装饰。

中式农家风格，则考虑用竹篓、农具、谷车等来装饰。

3. 将主人的专长作为摆设的亮点，如加入古董、乐器、雕刻、书法、绘画、手工艺等装饰布局。

4. 装饰物应注重与游客的互动性，且便于维修。

5. 植物点缀。

室内植物绿化是装饰室内环境的重要手段。在室内，各种类型花草盆景和盆栽不但可以美化房屋，也能够净化室内空气。

选择适宜当地生长且无害的植物，选择蚊虫滋生少、方便打理的植物。

6. 光影衬托。通过屋顶开天窗的方式，引入自然光源，突出室内绿色节点。体现民宿核心理念的装饰点，应选择合理色彩的氛围灯加强氛围营造。吧台、客房等空间除了正常照明的灯光外，应配备烘托气氛的氛围灯；灯具的设计应结合空间装饰材质加以定制改造。

第六节　民宿的配套设施

作为一类新兴的旅游住宿业态，民宿的服务配套有别于酒店、宾馆等的住宿接待设施，除一般旅游住宿接待设施应提供的基本接待服务功能外，还应同时提供兼具民宿业态特点，且满足地方文化、人居设施、社群交流和旅行体验等多方面需求的人性化配套服务。具体的人文服务配套应满足以下几点。

一　一位富有内涵与情怀的民宿主人

一位优秀民宿的主人应是具有一定文化修养和人文情怀的人，懂得享受生活，对生活充满热情，热衷于自己的爱好，品位独到，或许诙谐幽默、极具感染力，或许少言寡语、极富个人魅力，或是小清新的文艺青年，或是才情横溢的歌者，或是匠心独具的匠人，又或是阅历丰富的老者等。

民宿主人的爱好与性格决定了该处民宿的品位与基调，对民宿主题与环境营造具有重大影响。

二　若干本地的经营服务人员

民宿是具有浓厚地方气息的旅游住宿接待设施，其服务配套应凸显当地地域文化特色，而本地的经营服务人员（尤其是在本地长期居住、具有丰富阅历的中老年者）熟悉当地的人文风情，了解本土的风味美食、风俗传统和民间技艺，可以引导游客更好地领略和感受本土文化。

民宿的经营服务人员应穿着具有一定地方特色的服饰，使用的普通话不一定要十分标准，略带乡音的语言更能展现民宿的本土气息。

三 一顿具有地方风味的晚餐

民宿的地方味自然少不了一顿可口的地方风味美食。与热情的民宿主人共进晚餐，享受地方美食的盛宴，是民宿有别于酒店、宾馆等一般旅游住宿设施的特别体验。

民宿餐饮应避免菜品的大众化，深挖本土特色餐点，重点供应本土特色菜或本土家常菜。

四 一间开放的自助式厨房

"家"的味道是民宿的一大特色亮点，而厨房是最能显示"家"的空间之一。可供游客自助使用的厨房是民宿应具备的服务配套，与民宿主人或同在民宿的其他游客互相品尝家乡美食、以食会友，也是在民宿所能获得的一番别样乐趣。

民宿根据自身空间可以在厨房内设置 1~2 个烹饪台，提供冰箱、微波炉或烤箱等烹饪用的家用电器设备，同时供应调味品、餐具（非一次性餐具）等。

五 一处暖意融融的午后庭院

庭院是民居的重要组成部分，民居改建的民宿一般会配套独户独院的或公共的开放式庭院活动空间。但现代部分民宿或民宿群落由于场地空间有限，可能仅配套阳台、露台，即便如此，依然可以提供游客一个闲暇、惬意的午后时光。

民宿应配套可提供活动、交流或休闲的公共开放空间，形式上可以根据民宿建筑所在场所的实际情况配套庭院、露台或阳光明媚的室内交流活动空间。根据需要提供烧烤架、咖啡机、桌游以及书籍杂志等物品。

六 一场家长里短的亲切聊天

入住民宿，与民宿主人来一场亲切愉悦的交流是一道重要的旅行"配菜"，轻松愉悦的交流可以拉近游客与民宿主人间的关系，让游客感受更多富有本土人文色彩的东西。另外，如果游客是为民宿的主题或装饰风格所吸引而选择入住的话，那么与主人来一场个性十足的同好者交流绝对是旅程中一段难忘的经历。

民宿的主人不仅是民宿的拥有者，同时也应该成为民宿的一件特色产品，与入住游客亲切交流、热情服务，不仅可以让游客快速地适应民宿环境，给人以家的感受，同时个性十足的兴趣交流也是对自身民宿的二次推销与宣传，为培养稳定客源并拓展新客源提供可能。

七 一张提供旅游信息的导游地图

民宿主人及本地的经营服务人员对本地区旅游产品及游览信息比较了解，可以更好地为住客提供与其旅行相关的信息，使游客享受更加轻松愉悦的旅程，并获得更加深入的旅行体验。

民宿应能提供游客本地旅游出行的意见或相关的餐饮、游乐、出行的信息，为游客制定个性化出游线路及项目的服务，并提供本地区的全程旅游信息和导游地图。

第七节　民宿庭院景观改造

民宿市场日益发展的原因在于，它不仅是人们出门旅游的住所，更主要的是，城市居民厌倦了城市生活，向往乡土质朴的生活，期待放松疲惫的身心。

一　景观改造原则

民宿在整体环境上应该充分考虑城市居民心中对民宿的美好想象，在民宿庭院景观改造方面，尤其要关注以下四个方面。

1. 保护生态原则

尽可能在民宿景观改造的同时将对生态环境的破坏减到最小。

2. 保持原态原则

庭院景观营造应当反映地域特征与乡土性。

3. 人文协调原则

景观需要融入人文思想，转变为特色景观。

4. 整体平衡原则

就地取材，因地制宜，与整体环境达到平衡，注重景观交互性体验。

总而言之，民宿的庭院景观改造是在结合现状的情况下，优先考虑当地的乡土文化材料、植物，再融入民宿主人的独特人文思想，打造一个有生机、有灵魂、生态的私密环境。住宿者可以在这样的庭院环境下，通过与庭院景观的交互性体验，形成主客交流，了解民宿主人所传达的理念。

二 景观植物选取

尽量在庭院原有的环境本底上，改造庭院环境基础；

植物的选择上，在保证美观的前提下，尽可能选取具有当地特色的乡土植物；

乔木的种植上，前院种植较低且通透的树木（如当地的果树等），高大的乔木、竹林等可种植在后院；

在庭院植物搭配方面，为了保证游客欣赏到一年四季不同的景色，应种植不同花期的植物，体现花开花落的自然景观；

尽量避免种植容易滋生蚊虫的植物。

三 道路及硬质铺装的选择

庭院空地铺装部分应采用砾石、毛石、条石等当地石质材料进行铺设，避免采用水泥、沥青等现代化材质；

道路上尽量保留原有草地和砾石路面，如需改造，应该采用当地毛石、卵石、实木等进行道路铺装；

铺装的样式应体现乡野生态、自然和谐，避免采用城市园林化的铺装。

四 庭院景观小品的营造

在景观小品元素提取上，应充分挖掘当地的旧木材、土墙砖瓦、石磨器皿等，通过文化加载和创新设计，结合当地人文特色、自然特征、生态环境加以改造，从而打造特色主题的景观小品；

可结合当地特有的植物元素，种植具有实用价值的乡土植物，同时发掘其在景观美化方面的作用。如竹类与藤类，可通过竹艺、藤艺的手法，将其制作成如竹篓、藤框等生态美观的特色景观物品，使其成为室外空间的聚焦点，引导人造景观与自然景观和谐过渡；

避免套用园林化的手法，将园林化的假山和城市化特征明显的植物直接引入。还可以融入民宿主人的一些喜好，形成文化景观小品。

五　庭院的基础设施

真正的农家生活同城市居民心目中的田园生活存在着差异。因此，改善乡村生活中简陋破旧的基础设施，使其简朴而不陈旧，同时以生态理念为原则，制作各种休闲餐桌椅、标识牌、基础娱乐设施等都宜就地取材，在保证使用质量的基础上，简单改造，贴近自然，形成浓郁的乡野自然气息。

六　量身定制特色景观

民宿在形成基本庭院景观环境的基础上，可以根据游客的实际需要，量身定制所需的特色景观。在已有的庭院景观基础上加以临时改造，增设所需的景观，变成适合家庭亲子活动或者婚礼举办等场合，增加景观的交互性体验。

第二篇

实务篇

第三章

民宿内部
空间的整理

民宿以客房为主打产品，民宿的主要功能就是为客人提供住宿和休息空间。客房是民宿中不可缺少的组成部分。本章通过讲述民宿客房整理的要求与特点，来说明如何整理客房，其中包括客房卧室整理、卫生间清理与公共空间整理等。通过对以上三点的详细讲述，读者应能对民宿内部空间的整理有个初步的了解。

第一节　民宿客房整理的要求和特点

客房的清洁程度是客人入住民宿最关心的问题之一，同时也是客人选择民宿的标准之一。清洁卫生工作是民宿的一项重要任务，包括三个方面：客房、卫生间和公共空间的清扫。具体内容包括清洁整理客房、更换和补充各种用品、检查和保养设施设备等。清洁卫生服务与管理工作的好坏直接影响着民宿的形象和经济效益。以下是客房清扫的一般原则。

1. 从上到下。如抹尘时应从上至下进行。

2. 从里到外。如地毯吸尘和擦拭卫生间地面时，应从里向外清扫。

3. 环形清理。在清洁房间时，应按顺时针或逆时针方向进行环形清扫，以求时效及避免遗漏。

4. 先铺后抹。清扫客房时应先铺床，后抹家具物品，以免扬起的灰尘重新落在家具物品上。

5. 干湿分开。在擦拭不同的家具物品时，要注意分别使用干、湿抹布。如清洁灯具、电器时要使用干布。

6. 先卧室后卫生间。

二　客房清扫的基本要求

1. 客房服务员接到通知后，应尽快对客房彻底清扫，以保证客房的正常使用。

2. 进入房间后，应检查房内是否有宾客遗留的物品，并检查客房的设备设施及配套物品是否有损坏或减少，如发现以上情况，应立即通知前台。

3. 换茶水具并严格洗涤、消毒，做到"一洗二清三消毒"。

4. 对卫生间各个部位进行严格洗涤、消毒。

5. 客房清扫合格，立即通知前台，以便前台安排客人入住。

三　民宿客房清扫的注意事项

民宿客房是客人休息的空间。为了能更好地服务客人，在客人入住期间进行客房清洁时，要注意以下几点事项，在保证客人舒适度的前提下，更好地做好清扫与保洁工作。

1. 按照先敲门再开门的进门程序进房，将房门完全打开。

2. 清扫客房最好是客人不在时进行，如客人在房间，应征得客人同意，若客人不同意清扫，则应将情况填入清洁报告表。

3. 清扫时不要随意触摸客人的贵重物品，不要丢弃客人的任何东西。

4. 对客人摆放凌乱的文件、杂志、书籍可稍加整理，但不能放错位置，更不能翻看。

5. 客人放在床上或搭在椅子上的衣服，如不整齐，可挂到衣柜内，贴身衣裤可叠好放在床头或床尾，做好个性化服务。

6. 对摆放凌乱的女性化妆品，可稍加整理，但不可挪动位置，更不可把空瓶空盒扔掉。

7. 擦衣柜时，不要将客人衣服弄脏、搞乱，擦行李架时不可挪动物品位置。

四　空房闲置时的清洁

在民宿的淡季期，有时会存在空房闲置的现象。为了保证客人在入住的第一时间感受到住宿的舒适度，即使是空房，也应该保持每天的基础清洁。

1. 每天进房开窗，进行通风换气。

2. 用干抹布除去家具、设备及物品上的浮尘。

3. 对于连续几天的空房，应吸尘一次。

4. 检查房间是否有异味，检查卫生间毛巾是否有异味，是否因干燥而失去弹性和柔软度。如有问题，应在宾客入住前更换好。

第二节　客房卧室整理十字诀

一　客房卧室整理

客房服务的质量是客人入住民宿的关心问题之一。客房服务工作主要包括两个方面。一是客人合理的客房物品输送工作。例如客人需要使用电熨斗，客房服务员应及时送达，以使客人满意民宿的服务。客房服务员面对客人时应始终保持微笑，态度温和，可以熟练地使用礼貌用语。面对客人的询问，应及时给予正确并热情的回答，面对客人的投诉，应及时、温和地解决客人的不满。二是客房卧室的整理工作。客房卫生清洁是客房工作的基本要求，对离店客人房间的清扫程序可以用十字口诀来概括："开窗清补查、更添吸茶拔"。具体内容如下。

1. 开门清扫

要点：

（1）轻轻敲门三声（一长两短），三敲三报，报称"服务员"。

（2）缓缓地把门推开，把"正在清洁"牌挂于门后门锁把手上，房门打开直至工作结束为止。打开电灯，检查有无故障。

（3）把小垫毯放在卫生间门口的地毯上，清洁篮（或清洁小桶）放在卫生间云石台面一侧。

程序：

开门时，应先将门慢慢打开一条缝，开门后如果发现客人在睡觉或在浴室，应悄悄说声对不起，然后关上门；如客人不在房间就可以开始清洁。养成先敲门后进去的习惯，在征得客人同意后方可进房清扫，如客人暂不用清扫，就隔天再进行清理。

2. 打开窗帘

要点：

（1）把窗帘、窗纱拉开，使室内光线充足，便于清扫。

（2）打开窗户，让房间空气流通。

程序：

清扫员进入房间后，先将门窗打开进行通风，保证室内空气的清新。应两手慢慢拉开，不要手抓帘子，两边猛甩，防止弄脏和损坏，如有损坏及时维修。

3. 清理垃圾

要点：

（1）放水冲掉抽水马桶内的污物，接着用清洁剂喷洒"两缸"：面盆、马桶。然后，撤走客人用过的"四巾"（面巾、方巾、浴巾、地巾）。

（2）按次序检查衣柜、组合柜的抽屉，遗留物品应在第一时间回报给房务中心，尽快由客服部转交到前台。想方设法尽快交还给客人，并在卫生日报表上做好记录。

（3）用房间垃圾桶收垃圾。如果烟灰缸的烟头还没有熄灭，必须熄灭后方可倒进垃圾桶，以免引起火灾。

（4）撤掉用过的杯具、加床或餐具。

（5）清理床铺，将用过的床单撤走，放入清洁车一端的布草袋里。

程序：

清理烟缸和垃圾，要将完全熄灭的烟头倒入垃圾桶内，将烟缸在浴室内清洗干净并擦干，将房内的垃圾倒入大垃圾袋内，并擦净垃圾桶内外。

4. 补充用品

要点：

（1）补充卫生间内的用品，按统一要求整齐摆放。

（2）面巾纸、卷纸要折角，既美观又方便宾客使用。

（3）"四巾"按规定位置摆放整齐。

（4）补充房内物品，均需按酒店要求规格摆放整齐。

（5）补充杯具，房间物品的补充要根据酒店规定的品种数量及摆放要求补充、补足、放好。注意商标面向客人。

程序：

查看客人可用物品是否齐全。大多数民宿会赠送客人矿泉水，如客人饮用完，应及时进行补充。

5. 整体检查

要点：

对电视机、床底下与天花板进行检查，看是否有未打扫干净之处。

程序：

检查房间设备情况，查看天花板、墙角有无蜘蛛网，地面有无虫类。

6. 更换床物

要点：

更换床单时，注意床单上是否有客人物品，如睡衣、钱包、内衣等，如有睡衣，应叠好，并检查枕头下是否有客人物品，若有，等铺好床后放回原位。更换旧床单，保证枕套干净无污迹，无毛发无破损。将床复位，整理完床铺后，进行除尘，除尘时要按逆时针方向进行。

程序：

更换床物结束后，应将客人的私人物品全部放置到原位。床铺好以后，应该先打扫卫生间，等因铺床而扬起的灰尘落下后，再用抹布除尘。

7. 添加用品

要点：

补充房间内的一次性消耗品，并检查房间内是否有破损的物品，及时进行添加与更换。

8. 吸尘清扫

要点：

（1）从门外开始抹起至门内，并注意门把手和门后的安全图的抹拭。

（2）按顺或逆时针方向，从上到下，把房间的家具、物品抹一遍，注意家具的底部及边角位均要抹到。

①注意区别干、湿抹布的使用，如对镜子、灯具、电视机等设备物品应用干布擦拭；家具软面料上的灰尘要用专门的除尘器具；墙纸上的灰尘切忌用湿抹布擦拭。

②检查房内电器设备，在抹尘的过程中应注意检查电视机、音响、电话、灯泡等电器设备是否有毛病，一经发现立即报修，并做好记录。

③除干擦以外，房内设施、设备如有污迹或不光滑，还要借助于洗涤剂等对家具进行洗涤。

程序：

保证门、衣架、鞋架干净完好，轻擦拭扫灰尘。窗台、窗柜、玻璃要求干净无灰尘，窗帘轨槽定期吸尘；空调控制器要求干净无灰尘，定期擦空调口。

9. 茶具更换

要点：

更换好茶具，接着进行自我检查。房间清扫完毕，客房服务员应回顾房间，看打扫得是否干净，物品是否齐全，摆放是否符合要求，清洁用品或工具是否有留下。最后，还须检查窗帘是否分拉到窗户两边、窗纱是否拉上，空调开关有否调节到适当位置，电视频道是否按酒店规定调好等。

程序：

每日更换客人用过的茶具、水杯，擦净电热壶，要求干净无灰尘，无水迹。

10. 拔掉插头

要点：

（1）将房内的灯全部熄灭。

（2）将房门轻轻关上，取回"正在清洁"牌。

（3）登记进、离房的时间和做房间清扫的内容。

程序：

空房电热壶要拔掉插头，切断电源。确认壶内无水渍，查看壶内是否有水碱，如有，用柠檬酸或者白醋烧之。

总之，客房是民宿的重要组成部分。

二 客房的卫生

客房的卫生是民宿工作的重点，因为民宿的自身特点是小且精，民宿房间数较少，配备的打扫卫生人员数量也少，所以除了平时的常规清洁外，还可以运用计划卫生的理念，对客房内不易清扫或不能彻底清扫的部位拟订一个周期的计划，采取循环的方式定期全部清扫一遍。

以下6点是可以进行计划卫生的项目。

（1）家具上蜡；

（2）擦窗；

（3）吸尘（床垫、软座椅、沙发套被、家具下地毯）；

（4）擦顶灯；

（5）擦拭铜器；

（6）卫生间的地面、墙面、天花板、托盘及马桶内水箱。

三 客房卫生检查方法

作为民宿主要载体的客房，在打扫后，有时难免有未清理干净之处，这时就可以使用客房卫生检查方法五字诀"看、摸、试、嗅、听"来保证客房卫生的清洁度。

看：通过目视看整体状况是否符合；

摸：是否有灰尘；

试：检测设备是否正常运行；

嗅：辨别是否有异味；

听：检查房间内有无任何声响。

（一）客房的工作任务

客房的工作任务通常包括以下几方面的内容。

1. 搞好清洁卫生工作，为客人提供舒适的住宿环境

客房部负责民宿所有客人及公共区域的清洁卫生工作。搞好清洁卫生，提供舒适的住宿环境，是客房人员工作的首要任务。民宿管家必须通过制定和落实清洁卫生操作规程、检查制度，来切实保证清洁卫生的服务质量。

2. 做好客人接待工作，提供周到的客房服务

民宿客房部要做好客人接待服务工作。它包括从迎接客人到送别客人这样一个完整的服务过程。客人在客房停留的时间最长，除了休息以外，还需要民宿提供其他各种服务，如需要一些非标准的生活用品等。能否做好客人接待工作，提供热情、

礼貌、周到的客房服务，使客人在住宿期间的各种合理需求得到满足，体现客房产品的价值，直接关系民宿的声誉。

3. 维护和保养客房及设备

客房部在日常清洁卫生和接待服务的过程中，还担负着维护、保养客房和公共区域设施的任务，使之常用常新，处于良好的使用状况，为客人构筑一个舒适的住宿环境。

4. 控制客房的物料消耗

客房的物料消耗在民宿经营的变动成本中占有较大的比重，客房部要根据预测的客房出租率，制定预算，并制定有关的管理制度，落实责任。在满足客人使用、保证服务质量的前提下，控制物品消耗，减少浪费，努力降低成本，减少支出。

5. 负责客房布件用品的洗涤和保管

民宿一般设有洗衣房，负责客房布件用品的洗涤、保管和发放，为民宿的客房服务提供保障。

四　客房服务管理

为了使客房服务工作正常开展，必须对客房服务活动进行有效的管理。

1. 客房设施设计

（1）客房的布置和装饰。

（2）客房内各种设备和用具的配备与安放。

（3）客房内供客人使用的各种物品供应与摆放位置等。

2. 客房服务人员的配备

恰当地做好人员配备工作，是开展客房接待服务活动的组织保证。由于不同的民宿规模不同，故人员的配备也是不一样的，在此就不再赘述。

3. 客房服务任务的分配

客房服务任务的分配，主要是通过岗位职责等形式进行的，

使服务人员明确自己的业务范围和操作程序，自觉地贯彻执行。一般每日管家会交代清楚需要完成的任务和注意事项，使客房服务人员明白做什么、为什么、何时做、何处做、何人做和怎样做。

第三节 卫生间清理十字诀

一 民宿卫生间清洁与保养的特点

卫生间的清洁工作主要包括地面、墙面、门窗、天花板、隔板（隔墙）、卫生洁具及其他室内设施的清洁等，可分为每日常规清洁和周期性大清洁两种。每日常规清洁的次数可根据具体人流量和标准要求而定，一般每日清洁至少一次，周期性大清洁可根据具体情况拟定计划，一般可每星期、每半月或每月安排一次。

对民宿卫生间的清扫程序可以用十字口诀来概括："撤清刷浴便，消抹补更设"。具体内容如下。

1. 撤消耗品

要点：准备好所需的工具和用具，如扫把、地拖、带柄尼龙刷和抹布等。准备和配制好清洁剂和用品，如洁厕水、万能清洁剂、皂液和厕纸等。打开门窗，启动排气扇通风换气，在门口放置清洁工作标志牌，把厕纸收走。

程序：戴上手套，将卫生间内所有客用消耗品及毛巾等清理出卫生间，旧毛巾要及时放进布袋里，切勿扔在地上。

2. 清洗漱池

要点：用清洁液自上而下清洗镜面、墙壁、洗漱台、洗漱池，用清水依次冲洗干净，镜面要求无水迹、无水渍。

程序：清洗盥洗台先用湿抹布沾万能清洁剂擦洗台面和洗

手盆、水龙头，再用清水抹布擦洗干净，最后用干毛巾擦干水迹。

清洗梳妆镜时先均匀喷上清洁玻璃水，然后用湿抹布擦洗干净，最后用干毛巾擦净。最后清洁毛巾架、厕纸架、皂液缸、烘手器、空气清新剂架等，一般采用湿抹布擦拭，清除灰尘、污迹，最后用干毛巾擦净水迹。

3. 刷洗浴缸

要点：用清洁液自上而下刷洗浴缸，用清水依次冲洗干净，浴缸要求无水迹、无水渍。

程序：用清洁液由上而下清洗墙壁、水龙头、浴缸内外壁，用清水刷洗干净，用抹布擦干。要求浴缸内无污迹、无毛发，金属器光亮无水迹，皂盒内干净无水迹。

4. 浴房清洗

要点：清洗后的两片浴房玻璃是干净且清晰的，无水渍、无水迹。

程序：用玻璃水由上而下清洗沐浴房的两块半圆形玻璃、花洒，用清水冲洗干净，用抹布擦干。

5. 便器清洁

要点：用清洁液刷洗坐便器面盖、坐板、坐便器外壁，用洁厕剂刷洗坐便器内壁，冲洗干净。

程序：依次清洗配件和附件，先用带柄尼龙刷沾洁厕水刷洗坐便器内壁、盖子外侧、底座，再用清水抹布擦洗干净，最后用干抹布擦干水迹。

6. 消毒器具

要点：用有效的消毒水依次对洗漱池、浴缸、坐便器进行消毒。

程序：先把消毒水放在洒水壶里进行喷洒，保证所喷到的地方能进行有效的消毒。

7. 抹干用具

要点：用不同的毛巾擦拭不同的器具，保证所有的器具无水迹，无水渍。

程序：用干净抹布按下列顺序抹干用具——洗漱池、浴缸、淋浴房、坐便器等。用专用抹布擦干卫生间地面，注意卫生间边角及卫生间门后。

8. 补齐四巾

要点：毛巾用品齐全，且所有的毛巾用品都是干净且舒适的。

程序：补齐棉织品，即大浴巾两条放在浴贴架上，中巾两条挂在浴巾杆上，方贴二块叠好放在台面上，脚垫一块；补齐客用物品，如香皂、手纸、牙刷等物品。

9. 更换用具

要点：凡是一次性已开封的用具均进行更换，补充相应的一次性用品。

程序：更换茶具，每日更换客人用过的漱口杯，撤换时发现杯垫破损或有污迹的，及时换新。

10. 设备检查

要点：检查排气扇及灯具是否运转良好，关掉卫生间灯，卫生间门不要关紧，留大约十厘米门缝。

程序：检查及整理清洁作业完毕，应环视整个卫生间一遍，看是否有遗漏和不彻底之处，如有应及时补救。然后喷洒适量的空气清新剂，在便器内放入卫生球，检查是否需要补充皂液、厕纸和手纸。废物筐放在固定的地方，清倒垃圾，更换新的垃圾袋，最后收拾好工具和用具，关好门窗等。

二 清洁卫生间的注意事项

1. 卫生洁具多为陶瓷制品，禁止使用碱性清洁剂，以免损伤瓷面。

2. 卫生洁具容易破碎，清洁时不能用工具的坚硬部分撞击，也不能让重物落下而致使卫生器具破损。

3. 使用洁厕水和其他刺激性清洁剂时，应戴橡胶手套，以防止损伤皮肤。

4. 一旦发现卫生洁具或排水管道堵塞，应立即疏通。疏通时，应根据堵塞的严重程度和堵塞的部位采用相应的办法。如果堵塞不严重，堵塞部分在排水入口处，可用夹钳式铁丝钩取出堵塞物；如果堵塞物已进入排水的存水弯，可将排通器胶皮碗口竖压排水口，手持把柄，反复下压上抽，将其疏通。疏通时，应用湿布盖住地漏，以便形成真空而利于疏通。如果堵塞严重，应及时通知管道工疏通。

5. 如果发现卫生洁具损坏，管道、阀门、龙头漏水，应及时通知管道工修理或更换。由于清洁工作的疏漏或使用日久，卫生间的卫生洁具、墙身或地面极易积有水锈和污垢，故必须定期进行去污除垢工作，以保证卫生间保持良好的卫生状况。

三 卫生间的清洁标准及常规清洁内容

（一）卫生间的清洁、保洁标准。

1. 天花板、墙角、灯具目视无灰尘、蜘蛛网；

2. 目视墙壁干净，坐便器、小便器等卫生洁具洁净无黄渍；

3. 室内无异味、臭味；

4. 地面无烟头、纸屑、污渍和积水。

（二）卫生间的每日常规清洁的主要内容是地面的清扫、卫生洁具的清洁、用具的擦洗等。

1. 流程：清洁程序准备工作—放水冲刷大、小便器—收集废弃物＋清洁大、小便器—清洁盥洗器具及其他设施—清扫地面—检查及整理。卫生间的清洁一般应"从左到右，从上到下，从里到外"依次进行，对于单个器具的清洁，应按先内后外、再对各附件进行清洁的顺序进行。

2. 卫生间的周期性大清洁是指在每日常规清洁的基础上有计划地定期对卫生间的墙面、门窗、天花板、隔板、灯具及通风设备等进行清洁。

3. 清洁通风设备主要是指清洁排气扇，清洁时应先关闭电源，如有擦拭不掉的污垢可用万能清洁剂擦拭干净，最后用干毛巾擦干水迹。

第三节 公共空间整理六字诀

民宿，"以身体之，以心验之"的栖息地，其灵魂在文化，功能在生活。而一家民宿的院落、露台、大厅、茶吧、餐厅、书吧等公共使用空间，正是展示地方文化、提供"独乐"到"众乐"的最好空间，也是最能让游客感受到"家"温暖、愿意拍照留念的地方。

作为民宿核心竞争力的重要组成部分，民宿的公共空间要如何打造呢？

一 如何打造民宿公共空间

1. 彰显当地文化特色

一个没有当地文化氛围的民宿，会让人感到索然无味。在民宿公共空间的打造中，要注意创造故事情景，组织融入当地文化的体验活动，提供地方特色美食和周边游玩攻略。不同于自己所在地文化的新奇感，才能让游客在游玩中去认识、感受当地文化特色，对这一方水土留下深刻的印象。

2. 与地方水土融为一体

望得见山、看得见水，记得住乡愁！民宿公共空间在建设中也要与地方环境相结合，爱自然、爱乡土，尊重天然条件，结合原有的自然生态资源进行合理规划设计，并具有一定的差异性，才是理想的公共空间最好的模样。

3. 发挥民宿主人专长

吉他、雕刻、书法、画画、陶土、古董收集、花草种植、酒庄……民宿主发挥个人专长，为游客提供一起体验学习的空间，是民宿主与游客产生情感共鸣的又一制胜法宝。

4. 注重空间打造的每一个细节

细节决定成败，公共空间的打造中，细节布置更是不可忽略。整个空间的格局布置、颜色、灯光、景观等，都直接影响游客的住宿体验。像抚养孩子一样设计，像为自家房子一样精心装扮公共空间，才会吸引客人在公共空间拍照留念，宣传推介。

由于民宿的公共空间有以下三个特点，所以在进行公共空间的卫生清理时，要特别注意。

1. 人员流量大，清洁工作不太方便

公共区域的人员流量非常大，客人活动频繁，这给该区域的清洁保养工作带来不便和困难。为了便于清洁和减少对来往人员的干扰，公共区域的清洁工作尽量安排在人员活动较少的时间段并划分地段分段进行，特别是客用区域，大量的清洁工作应被安排在夜班完成。

2. 涉及范围广，造成影响大

公共区域清洁卫生的范围涉及民宿的每一个角落，既包括前后大门、走廊通道等，也包括室内的大厅、餐厅、公共洗手间、员工房间以及厨房和所有的下水道、排水排污管道等。公共区域的清洁卫生状况被每一位经过和进入民宿的客人及非客人所感知、所传扬，对民宿的形象有较大的影响。

3. 项目繁杂，专业、技术性强

公共区域清洁卫生工作不仅涉及面很广，而且在不同的地点、针对不同的清洁对象，有不同的清洁标准和清洁方法，需要使用不同的清洁剂，所以其清洁卫生项目繁杂琐碎，如地面、墙面、天花板、门窗、灯具的清洁，公共卫生间的清扫、绿化布置、除虫防害等。

二　公共空间整理六字诀

公共区域卫生涉及民宿前台和室外的广泛区域，前台是民宿客人来往最多的地方，是民宿的门面，会给客人留下重要的第一印象。因此，前台的清洁卫生工作尤为重要。对民宿公共空间的清扫程序可以用六字口诀来概括："地家清洗餐设"。具体内容如下。

1. 地面清洁

前台的地面，在客人活动频繁的白天需保持干净。遇到雨雪天，要在门前放上存伞架，并在前台内外铺上踏垫和小地毯。

2. 家具清洁

定期擦拭前台休息区的桌椅、服务区的柜台及家具，确保干净无灰尘。及时倾倒烟箱的烟头，清理杂物，及时更换烟缸。

3. 清洁地垫

每晚要揭开地垫，用扫把将地面灰尘、沙粒扫干净，用湿拖布拖干净地面；外地垫除按内地垫做上述清洁外，每周还要更换冲洗一次。内外地垫的铺放要求整齐对称。

4. 洗手间清洁

公共洗手间是客人最挑剔的地方之一，以至于有人说要看一个民宿的干净程度，去看看它的公共洗手间就够了。因此民宿必须保证公共洗手间清洁卫生，设备完好，用品齐全。擦亮所有金属镀件，将卫生间的香水、香皂、小方巾、鲜花等摆放整齐，并及时补充更换；拖净地面，擦拭门、窗及瓷砖墙面；配备好卷筒纸、香皂等用品；检查皂液器、自动烘干器等设备的完好状况。公共洗手间的全面清洗包括洗刷地面及地面打蜡，清洁水箱水垢，洗刷墙壁等。为不影响客人使用洗手间，该工作常在夜间进行。

5. 餐厅清洁

餐厅是客人的饮食场所，卫生要求较高，清洁工作主要是在餐厅营业结束后做好地面的清洁。此外，餐厅或其他饮食场所常会有苍蝇等害虫出现，应随时或定期喷洒杀虫剂，防止苍蝇等害虫滋生。

6. 设计布置

绿化布置能给宾客耳目一新、心旷神怡的美好感受，所以民宿在前台的绿化布置和摆设产品的选择与设计上都应有所开拓和进行创新。

四　前台对客服务作业

1. 客人抵店前准备工作阶段（售前阶段）

根据客人预订资料中关于抵店日期、特殊要求等有关内容，民宿前台预定处要适时做出安排，比如，事先排房、准备礼品、提前通知相关部门等，使准备工作周到、细致，并为下一阶段的服务奠定良好的基础。

2. 客人到店接待服务阶段（消费开始阶段）

无论是对已办理预订手续的客人，还是对直接抵店的客人，都要依照国家有关户籍管理的法律法规，办理入住登记手续。由于前台已掌握办理了预订手续客人的个人资料，因而可以提前办理入住登记手续，使客人到店后经接待员查明客人身份证件后，可以很快入住，缩短在前台的滞留时间。对直接抵店的客人，接待员在定价、排房过程中，应进一步了解清楚客人对所需房间的要求，及时地进行推销。因而直接入店的客人在办理入住手续时需要的时间相对长些。在客人办理完入住登记手续，得到入住的权利后，即表明客人住店期间服务正式开始了。与此同时，客人的房账也随之建立起来。

3. 客人住店期间服务阶段（消费进行阶段）

民宿服务员应将客人的消费情况准确记录在收款凭证上，并及时将账单汇集在前台收银处，按房间号、类别、日期等顺序累计并收存在账单架中，以备日审、夜审和结算时调用。

4. 客人离店服务阶段（消费结束阶段）

（1）办理结账离店手续。

客人在办理离店手续时，前台收银员对账户设定、付款方式、预付款存额等情况核实后打印账单，经客人确认无误后签名再予以收款。

（2）主动征求客人意见。

前台服务人员在客人即将离店之时，主动、诚恳地征求客人意见，并请客人对服务的不足之处予以谅解，同时感谢客人的光临。这是进行二次推销，培养"忠诚客人"，即回头客的好机会。

（3）将客人离店信息通知客房主管。

（4）民宿管家处理客人的各种投诉（客人在各个阶段都有可能投诉）。

（5）送客离店。

根据客人离店时间和去向，主动了解客人要求，及时安排人员，优先照顾老弱病残客人及妇女和儿童，最后道别祝愿客人旅途愉快，并欢迎客人再次光临。

（6）更改房态并保持房态正确。

（7）收银员完成对营业收入的夜间审核工作等。

5. 客人离店后服务阶段（消费结束后）

（1）收回客人意见调查表，汇总投诉及其他意见，分析整理后反馈到相关部门。

（2）与客人保持密切联系，必要时有针对性地主动促销。

（3）客史建档。

把各项资料整理存档，填写、整理客史档案卡或汇入计算机系统，保存有关客人消费爱好的所有资料。未使用计算机系统管理的民宿，一般将"入住登记单"最后一联作为客史档案收存，还将该客人住店期间的消费等情况记录在卡片上，然后按客人姓名的字母顺序制作索引，收存在预订处客史档案柜内，以备随时查阅。

（4）未尽事项。

客人离店时经常让前台服务人员在其离店后办理委托事项，例如找寻离店时遗忘的个人物品等等。前台服务员应按民宿服务要求进行快捷、妥善地处理，不使客人留下遗憾，让客人自发地把入住的民宿推销给身边的亲朋好友，为民宿赢得信誉。

第四章

卫生、消毒及安全

民宿的卫生与安全是一个必须重视的关键环节，客人入住民宿的体验是否愉悦，卫生与安全是一条底线。民宿的环境条件包含许多方面，其中厨房、客房是客人活动的主要场所，防火、防盗和应急处置是民宿经营者重点要掌握的知识与技能。

第一节　厨房卫生与安全

一　厨房卫生控制

厨房的卫生控制是保证菜点质量、防止污染、预防疾病的重要手段。厨房卫生的管理实际上是从采购开始，经过生产过程到销售为止的全面管理，它主要包括环境卫生、厨房设备及器具卫生、原料卫生、生产卫生、个人卫生等方面，每一个管理者都应该在这些方面加强管理与控制。

1. 厨房环境的卫生控制

厨房是生产制作菜点的场所，各种设备与工具都会接触到食品。环境卫生除了受当初厨房设计的影响外，还要受使用工具设备及对厨房的管理影响。例如，厨房设计施工时就应该考虑使用方便、卫生、清洁的材料，设备与工具要便于清洗、保持卫生。

保持厨房环境卫生的根本办法是持之以恒地做好日常厨房卫生工作，实行卫生责任制，将清洁卫生工作落实到班组、个人，安排好卫生清洁计划，明确卫生标准。

另外，要加强对员工的卫生观念教育，使之养成良好的工作习惯，这一切都需要管理者以身作则，并且管理到位。

2. 食品原料的卫生控制

"病从口入"，厨房中生产产品的原料最终是要入口的，所以原料的卫生是菜点安全卫生的基础。原料的卫生控制从采购时就应该注意，对于不符合卫生标准的原料，不管价格如何低廉也不能采购。

再有就是采购后的保存问题。因为厨房的生产属于批量生产，所以，进料时通常为批量进货，如何在保质期内保证批量原料安全卫生是管家应该重视的。不同原料有不同储藏条件，一定要严格遵守，并且要督促相关工作人员按规定执行。

生产原料的卫生状况是厨房最应该关注的要素之一。判断原料的卫生状况如何，除了鉴别原料是否具备正常的感官质量外，更主要的是鉴别原料是否被污染过。通常要鉴别的污染是生物性污染和化学性污染。

（1）生物性污染

原料在采购、运输、加工、烹制、销售过程中，要经历很多环节，不可避免地要预防和杜绝原料的生物性污染。应该采取下列措施。

采购原料要尽可能选择新鲜的，降低被各种致病因素侵害的可能性，如死鳝鱼很容易造成食物中毒。

在原料运输过程中，要做好防尘、冷藏和冷冻措施。尤其是经过长途运输的原料，一定要进行必要的冷藏或冷冻处理。

严格执行餐饮作业人员个人卫生制度，确保员工的身体健康。有传染病、皮肤病的员工应调离餐饮行业。

保持厨房良好的环境卫生，保持各种设备、器具、工具及餐具的卫生。

严格规定正确的储存食品原料的方法，避免食品原料遭受虫害、变质的影响。

培训员工掌握必要的鉴别原料被污染的专业知识及相关的法律法规，及时发现及时处理，杜绝被污染的食品原料直接上桌危害顾客的行为。

（2）化学性污染

目前，原料的化学性污染主要来自原料种植、饲养过程中所遭受的各种农药、化肥及化工制品的侵害。因此，民宿必须做好以下几个方面的防范工作。

一是对水果蔬菜要加强各种清洗操作，尽量洗掉残留在水果蔬菜上的各种农药和化肥。有时可以使用具有表面活性作用的食品洗涤剂清洗，然后再用清水漂洗干净。

二是有些水果、蔬菜可以去皮操作，降低化学污染的概率。

三是选用符合国家规定卫生标准的食品包装材料及盛装器具，不允许使用有毒或有气味的食品包装材料和盛装器具。

四是坚决弃用被污染过的水产原料及注水原料。凡是食用时有柴油、煤油味的食物一定要弃用，这可能是被污染水源严重污染的原料。

3. 厨房生产过程的卫生控制

生产阶段是厨房卫生工作的重点和难点所在。由于生产环节多，程序复杂，原料在转变成产品的过程中，会受到各种不同因素的影响，控制不好就容易造成对成品卫生的影响。

（1）加工生产的卫生管理

厨房加工从原料领用开始。鲜活原料验货后，应该立即送厨房加工，加工后应立即进行冷藏处理，长时间摆放会改变原料的品质，尤其在夏季更应该注意。一旦原料出现异味而不被发现，最容易造成食物中毒事件的发生。冷鲜原料领取出库后，要采用科学、安全的解冻方法进行处理，而且在开启时要注意方式和方法，避免金属、玻璃屑掉入原料中。对于蛋、贝壳类原料，要先洗净外壳再进行处理，不要使其被表面的污物污染，同时加工时也要防止壳屑进入原料中。对于易腐败的食品加工，要尽量缩短加工的时间，批量加工原料应逐步分批从冷库中取出，以防食品在加工中变质。菜肴配置时注意使用清洁的盛器，最好将盛装生原料的器具与盛装熟原料的器具分开，不要混装。有时考虑空气中细菌对原料的污染，需要放置的原料要加封保鲜膜。

（2）冷菜生产的卫生管理

冷菜生产的卫生管理非常重要。首先在厨房布局、设备配置和用具安排上要考虑与生的原料分开。其次，切配食物的刀具要专用，切不可既切生食又切熟食；各种用具、砧板、抹布也要专用，切忌生熟交叉使用，而且这些用具要定期进行消毒。再次，操作的手法要尽可能简单，不要将熟食在手中摆来摆去、摸来摸去，将被污染的概率降到最低。最后，装盘工作不可过早，装盘后不能立即上桌的应使用保鲜膜封存，并进行冷藏。生产中剩余的产品应及时收藏，并尽早用掉。

4. 生产人员的卫生控制

厨房生产人员直接接触食品，因此个人的健康及卫生状况十分重要。上岗前一定要通过饮食从业人员健康体检，持证上岗，避免工作人员带病上岗。要保持整洁干净的仪表，工作服、帽子穿戴整齐，如果工作需要，还应戴手套和口罩。烹饪工作大部分使用手工操作，所以工作时要保持双手干净，注意工作服的整洁。另外严禁在厨房工作区吸烟、嚼口香糖等。要在日常工作中制定处罚条例，同时也要对工作人员进行职业道德教育，提高自身的素质。

（1）个人卫生管理

厨房工作人员应该养成良好的个人清洁卫生习惯，在工作时应穿戴清洁的工作衣帽，防止头发或杂物混入菜点之中。接触食物的手要经常清洁，指甲要常剪，接触熟食需要戴手套操作。严禁涂抹指甲油、佩戴戒指及各种饰物进行工作。一旦工作人员手部有创伤、脓肿时，应严禁从事接触食品的工作。

（2）工作卫生管理

通常厨房中禁止员工吸烟，吸烟既容易使环境被污染，也容易造成食物被烟灰、烟蒂污染。与熟食接触的员工应该佩戴口罩，防止唾液污染食品。品尝菜肴的员工不要用手抓食，应该使用清洁的调羹、手勺放在专用的碗中进行操作。对于现场操作的工作人员来说，使用干净的手套进行操作能有效预防对食物的污染。餐具摔落在地上，如果没有破碎应清洗干净后再使用，如果破碎要及时清理，防止碎片混入其他原料、菜肴之中。另外，员工在操作中不要挖鼻子、掏耳朵、搔头发、对着食物咳嗽、打喷嚏等，保持良好的工作习惯。

（3）卫生教育

对新开办民宿的管家或民宿主来说，卫生教育是关键的第一步。卫生教育可以让他们对餐饮生产的性质有所了解，知道出现卫生状况不佳的原因，掌握预防食物中毒的方法，时时绷紧卫生生产这根弦，及时发现，及时补救，有效预防食物中毒的发生。

5. 厨房设备及器具的卫生控制

厨房设备及器具卫生的状况不佳，也容易导致食物中毒事件的发生，如砧板处理不当会产生霉变，餐具用脏抹布去擦反而会污染菜肴。厨房设备及器具的卫生往往容易被管理者忽略，他们将更多注意力放在了原料上，所以有时出现问题会不知所措。

（1）加工设备及加工工具、用具

加工设备及加工工具、用具包括刀具、砧板、案板、切菜机、搅肉机、切片机和各种盛装的盘、盆、筐等。由于它们直接接触生的原料，受微生物污染的机会增加，如果加工后不及时消毒和清洗就可能给下一次加工带来危害。如木制砧板的霉变、铁制刀具的生锈、机械设备未清洁干净的杂物都可能对加工的原料产生污染，导致原料的卫生指标下降，甚至产生致病的危险。因此，使用过的任何加工设备、工具、用具应该及时地进行清洗、处理，保证下一次使用不造成对原料的污染。

（2）烹调设备及相关工具

对于烤箱、电炸炉之类的烹调设备，长时间使用会产生不良气味，需要将污垢、油垢及时清理，否则会污染食品。对于锅具而言，应该每天进行洗刷，尤其是锅底，锅底的黑色粉末极易使炉灶操作人员的工作岗位显得污秽不堪，甚至把干净的抹布变成黑布，如果去擦抹餐盘会造成食品的污染。另外，炉灶上使用的各种工具、用具也要经常清洗，以保证光洁明亮，如调味罐、灶台、调味车、手勺、漏勺、笊篱等。

（3）冷藏设备

原料放置在冷藏设备中，只是短暂保藏。由于低温只能抑制细菌的生长繁殖，不能杀灭细菌，所以不要过分依赖冷藏设备。如果冷藏设备卫生状况差，会使细菌繁殖生长的机会大增，即使温度较低，有时也会产生不良的气味，使原料之间相互串味，相互污染。因此，除了正常处理冷藏设备中的原料外，保持冷藏设备内外环境的卫生也是保持原料高质量的一个重要因素。

冷藏设备原则上每周至少要清理一次，其目的是除霜、除冰，保持冷藏设备的制冷效果，保持冷藏设备良好的气味。清理时，关掉冷藏设备的电源，待其自然化冻除霜或使用水来冲刷除霜，然后擦干设备，重新打开电源，待设备制冷。千万注意不能使用硬物去敲打、撬扳设备，防止损坏设备。另外每天都应该对冷藏设备中的原料进行整理，保证制冷效果，同时将设备内的污物清理干净，对设备常触摸的地方进行擦拭，使之保持清洁、干净，降低污染原料、食品的概率。

（4）餐具

餐具是盛装食品、菜肴的器皿，其卫生状况的好坏直接关系食品、菜肴的卫生质量。需要指出的是，经过清洗、消毒的餐具，并不能保证菜肴出品时还能保持良好的卫生状况，因为不合理的保管和操作人员不正确的处理手法都会导致餐具被再次污染，如裸露储藏、脏抹布擦盘等。因此，厨房操作人员一定要在每个环节上防止餐具被污染。

二 厨房环境卫生要求

1. 墙壁、天花板及地面

厨房墙壁、天花板应该采用光滑、不吸油水的材料建成，地面应该采用耐久、平整的材料铺成，要经得起反复冲刷，且不会受厨房高温的影响而开裂，一般以防滑无釉地砖为佳。一旦墙壁、天花板、地面出现问题应该及时维修，并保持良好的状态，以免藏污纳垢，滋生蟑螂、老鼠等。理想的保持卫生的方法是：墙壁每天冲刷 1.8 米以下部位，每月擦拭 1.8 米以上的部位；地面每天收工前要进行清洗、冲刷。

2. 下水道及水管装置

凡有污水排出及水龙头冲洗地面的场所，均需有单独的下水道和窨井，要保持通畅，避免阻塞。下水道的形式通常有两种，一种是明沟式的下水道，有铸铁或不锈钢的盖板，进行卫生清洗时，最好将盖板掀开，将下水道进行冲刷，保证厨房正常的气味；另一种是暗沟式下水道，有排水口，一般情况下用水冲刷后，最好用墩布擦干保持地面的干爽。当然不论下水道是何种形式，有条件的厨房最好在通往下水道的排水管口安装垃圾粉碎机，这样可以保证下水道的通畅，防止堵塞造成污水溢漫而污染食品和炊具。

饮用水管与非饮用水管应有明显的标记，饮用水管与污水管道要防止交叉安装。通常水管壁要定期进行清理，防止过多的油垢沉积，尤其是炉灶上使用的水管。

3. 通风和照明

厨房的排烟罩、排气扇需要定期清理，尤其是排烟罩，油垢的沉积会带来火灾的隐患，多余的油污会聚集下滴污染到食物和炊具。对排气扇的定期检查、清洁可以有效地保证其正常工作，避免排气不畅造成油烟、水汽沉积而污染食品。照明设备的完善是保证正常卫生清洁工作的一个前提条件，昏暗的灯光只能使卫生清洁工作更加困难。另外，灯具一般都要配有防护罩，防止爆裂造成玻璃碎片飞溅，而污染到食品或伤及他人。

4. 洗手设备

厨房每位工作人员的双手都是传播病菌的主要媒介，在厨房中多设置洗手池是比较好的做法，有条件的民宿应设置更衣室、卫生间，并配置洗手池。这样的做法，一来可以保证员工在任何时候都保持双手的干净，二来清洁卫生时也便利。

5. 更衣室和卫生间

职工的便服常会从外界带入病菌，因此不能穿着上岗，也不能随意挂在厨房的任何一个角落。民宿设立员工更衣室可以使员工有一个干净、清洁的卫生状况去投入生产工作中。一般更衣室有专门的柜子存放衣物，有淋浴间保证员工上下班时的清洁。民宿设立卫生间也是给员工创造一个清洁卫生的环境，卫生间设备齐全，保证员工如厕后不将病菌带入厨房，甚至污染食品。

6. 垃圾处理设施

厨房的垃圾每天都会有，处理不当容易造成卫生条件的下降，更容易招引苍蝇、蟑螂、老鼠等污染食品、设备和餐具。因此，每天产生的垃圾要及时清理，不至于污染空气、食品。通常垃圾桶要使用可推式带盖的塑料桶，里面要放置大的垃圾塑料袋，这种袋子比较结实，不易破漏和滴洒污物。垃圾及时清出厨房，可以摆放在专门的垃圾集中地。随着环保意识的普及，有的民宿可能配备垃圾压缩机或使用垃圾粉碎机。

7. 杜绝病媒昆虫和动物

采用一定的消杀措施防止病媒昆虫和动物（如老鼠）等侵入也是保证卫生质量的一个方面。当然，无论哪种措施都应该以保证食品安全为前提，不要将杀灭病媒昆虫和动物的药水、诱饵污染到食物上，更不要产生对员工的伤害。有条件的民宿应该在厨房设计时就考虑到堵住这些病媒昆虫和动物进入厨房的渠道，如封闭窗户、堵住缝隙、采用自动门、下水道铺设防鼠网等。

第二节　客房消毒制度、 措施与步骤

一　客房消毒制度

为了保证客人的身体健康和民宿自身服务人员的身体安全，民宿经营者要特别关注消毒制度问题。通常而言，消毒制度包括如下几点。

1. 客房服务员在清扫房间时必须配齐工具，抹布要两湿一干。抹卫生间座便和地面的抹布要和擦拭房间的抹布分开放，浴盆刷和座便刷要分开放。配备消毒粉，刷卫生间时必须佩戴手套。

2. 服务员清扫房间时必须将三种杯具撤回工作间进行消毒，换成已消毒的杯具，严禁在客房内对杯具进行消毒。

3. 每天将撤出的杯具进行集中洗刷消毒。消毒过程严格遵循民宿规定的消毒程序，一般遵循 "一冲、二洗、三消毒" 的步骤。

4. 民宿服务员必须每天记录消毒情况，写明消毒时间、数量、种类、消毒人，管家督查。

5. 杯具消毒后取出放于柜内，用消毒过的干净布巾覆盖，防止二次污染。

6. 客房服务员对客人已经退房的房间进行严格消毒，严禁私自删略消毒过程。

二 清洁卫生用具的区分

为使清洁人员操作规范，民宿经营者应该借鉴酒店客房管理的方式，严格区分清洁用具。

1. 抹布颜色及用途

（1）白色抹布：面盆清洁；

（2）绿色抹布：马桶清洁；

（3）蓝色抹布：浴缸清洁；

（4）白色大浴巾：浴缸清洁（用于擦干水迹）；

（5）花色抹布：房间抹尘。

2. 清洗工具及用途

（1）白色百洁布：浴缸清洁；

（2）绿色百洁布：面盆清洁；

（3）恭桶刷：马桶清洁。

3. 注意事项

所有清洁工具分别存放，避免交叉污染。

三 客房的消毒方法

1. 通风和日照法

（1）利用阳光的紫外线作用，进行室外阳光消毒。

（2）让阳光透过门、窗射到地面，杀死病菌。

（3）开窗、开房门，让房内空气对流，改善空气。

2. 擦拭消毒法

服务员清扫完客房后，可定期用化学消毒溶液擦拭客房家具设备，例如，用 10% 浓度的碳酸水溶液或 2% 浓度的来苏水溶液擦拭房间家具设备。消毒完毕，紧闭门窗约 2 小时，然后进行通风，即可达到消毒目的。

3. 喷洒消毒法

为避免对人体肌肤的损伤，可采用喷洒的方法进行消毒。例如用 1% ~ 5% 浓度漂白粉澄清液对房间死角进行消毒，或用消毒剂进行喷洒，能迅速杀死乙肝、甲肝等病毒。客房卫生完毕后，从里向外将诗乐氏消毒剂朝空中上方均匀喷洒。

四　浴室的消毒方法

1. 擦拭消毒法

（1）用浓度为 2% ~ 3% 的来苏水或 84 消毒液擦拭卫生洁具。消毒完毕，紧闭门窗 2 小时，然后进行通风。

（2）在日常工作中用含消毒功能的清洁剂擦洗卫生洁具，用清水冲净，然后用干净的专用抹布擦干，也可达到消毒目的。

2. 喷洒消毒法

用浓度 1% ~ 5% 的漂白粉澄清液对卫生间进行喷洒消毒，但禁止漂白粉与酸性清洁剂同时使用，以免发生氯气中毒。

3. 灯照消毒法

一般在卫生间内安装 30W 紫外线灯管一支，距离地面 2.5 米左右，每次照射 2 小时，可使空气中微生物减少 50% ~ 70%，甚至可以达到 90% 以上。

4. 84 消毒液使用方法

（1）先用清水将其表面大面污物清除，使其表面光洁。

（2）再将 1 : 200 的 84 消毒液喷于表面，等 5 分钟。

（3）再用专用刷（面盆刷、马桶刷）刷洗。

（4）最后用水冲净，擦干。

5. 注意事项

和客人身体相接触的部位一定要做到消毒，如马桶垫圈等。

五　杯具的消毒方法

1. 高温消毒法

（1）将洗涤干净的杯具放置在100℃的沸水中，进行煮沸消毒。时间为15～30分钟。

（2）将洗涤干净的杯具放置在蒸汽箱中，进行蒸汽消毒，时间为15～20分钟。

2. 干热消毒法

主要是通过氯化碳破坏细胞原生质，致使微生物死亡的消毒法。操作程序是将洗干净的杯具放入消毒柜中，将温度调至120℃，时间为15～30分钟。

3. 浸泡消毒法

使用浸泡方法消毒，必须把化学消毒剂溶解，同时严格按比例进行配制，才能发挥效用。具体方法是将杯具用洗涤剂洗刷干净后，放入消毒溶液中浸泡5分钟，再用清水冲洗干净并沥干或擦干即可。擦拭时，应注意使用干净的并经过消毒的杯

布，服务人员的双手不能碰到杯子。

4.84 消毒液使用方法

（1）将 84 消毒液按 1:200 比例配比。

（2）把已除渣、清洗干净的茶杯，浸入配比液中 30 分钟。

（3）用水冲洗干净消毒液，擦干。

（4）再放入消毒柜消毒 30 分钟。

（5）消毒柜每三天大清洁一次。

5. 房间杯具消毒注意事项

每天每间房的脏杯具送到消毒间清洁消毒。

如果民宿每层楼配有杯具车，则每天下午由专人负责将从房间内撤出的脏杯具送至消毒间，次日早晨送返各个楼层。

第三节　卫生制度及规定

一　卫生制度

民宿要打造自己的品牌，有条件的可以设有专用消毒间，配备专门的消毒设施，并建立健全卫生制度。一般而言，制度应该包括如下几个方面。

1. 消毒是指消除或杀灭外界环境中的病原体，是切断传播途径的重要措施。

2. 消毒方法：物理消毒和化学消毒（高温蒸汽消毒、红外线消毒，以及使用84消毒液、消毒粉、草酸、漂白片精消毒等）。

3. 消毒程序：一冲、二洗、三消毒、四冲洗、五保洁。

4. 电话：每天必须用电话消毒水消毒。

5. 四勤：勤洗澡、勤理发、勤剪指甲、勤洗手。

6. 抹尘、吸尘一定要彻底；清洁工具要分开，两个清洁桶（清洁坐厕的专用工具，清洁洗手盆、浴缸的专用工具），抹布也要分开。

7. 保持房间空气流动。保持周围环境整洁、美观，地面无果皮、痰迹和垃圾。

8. 客房内所有布单要消毒，并保持干净、卫生整洁；被套、枕套（巾）、床单等卧具做到一客一换。

9. 公用茶具应每日清洗消毒。茶具表面必须光洁、无油渍、无水渍、无异味。

10. 客房内卫生间的面盆、浴盆、座便每日清洗消毒，注意把含有消毒水的水洒在洗手盆的表面、浴缸的表面、座侧盖四周，特别注意浴缸里面有没有头发、污渍。

11. 公共卫生间做到每日清扫、消毒，并保持无积水、无蚊蝇、无异味。

12. 民宿要配备防蝇、蚊、蟑螂和防鼠害的设施，并经常检查设施使用情况，发现问题及时改进。

13. 对客人废弃的衣物要进行登记，统一清洗存放。

14. 房间内水源和二次供水水质符合《生活饮用水卫生标准》，二次供水蓄水池符合输水管材卫生要求，做到定期清洗消毒。

二　清洁工作"十无"规定

1. 洗手间干净无异味。

2. 洁具干净无污迹。

3. 灯具明亮无尘埃。

4. 镜、窗明亮无痕迹。

5. 天花板、墙角无蛛网。

6. 地面干爽，无积水杂物。

7. 地毯、沙发、桌椅无污渍杂物。

8. 环境整洁无积尘。

9. 设备齐全无残缺。

10. 墙壁、门柜无污渍。

第四节　防火

一　火灾形成的原因

民宿重点防控火灾的部位是客房。客房中造成火灾的原因很多，一般而言有如下几种。

1. 客人酒后吸烟，引起被褥、床单等起火。

2. 乱扔烟头、火柴，使地毯或地板起火。

3. 客房内电线陈旧或因超负荷使用导致起火。

4. 客房内电器设备自身故障或连续工作时间过长，引起升温导致起火。

5. 客房内设备老化，导致短路起火。

6. 客人将易燃、易爆物品带进客房导致起火。

7. 客房内工程维修使用明火不当导致起火。

8. 客房服务人员违反规程操作导致起火等。

综上所述，在众多的起火原因中，吸烟和电器事故引起的火灾占有较大的比例。

二　火灾的种类

依照国家标准，火灾可分为 4 大类。

1. 普通物品火灾

此类火灾由木材、纸张、棉布、塑胶等固体所引起，称为 A 类火灾。

2. 易燃液体火灾

此类火灾由汽油、酒精等所引起，称为 B 类火灾。

3. 可燃气体火灾

此类火灾由液化石油气、煤气、乙炔等所引起，称为 C 类火灾。

4. 金属火灾

此类火灾由钾、钠、镁、锂等物质所引起，称为 D 类火灾。

三 常用灭火方法

1. 冷却灭火法

冷却灭火法是将燃烧物的温度降到燃点以下，使燃烧停止。通常用水和二氧化碳灭火剂。

2. 窒息灭火法

窒息灭火法是采用一定方法隔绝空气或减少空气中的含氧量，使燃烧物得不到足够的氧气而停止燃烧。通常用泡沫和二氧化碳灭火剂，也可用浸湿的棉被等来覆盖燃烧物。

3. 隔离灭火法

隔离灭火法是把正在燃烧的物质同未燃烧的物质隔离开来，使燃烧不能蔓延。

4. 抑制灭火法

抑制灭火法指用有抑制作用的化学灭火剂喷射到燃烧物上，参与化学反应，与燃烧物反应中产生的游离基结合，形成稳定的不燃烧分子结构而使燃烧停止。

四 常用灭火器种类和使用方法

表 4 - 1　常用灭火器的种类及使用方法

灭火器种类	适用火情	使用方法
酸碱灭火器	适用于扑灭一般固体物质的火灾	1. 将灭火器倒置 2. 将水与气喷向燃烧物

灭火器种类	适用火情	使用方法
泡沫灭火器	适用于油类和一般固体物质及可燃液体火灾	1. 将灭火器倒置 2. 将泡沫液体喷向火源
二氧化碳灭火器	适用于带电的低压电器火灾和贵重的仪器、设备	1. 拔去保险锁或铝封 2. 打开阀门或压手柄 3. 对准燃烧物由外圈向中间喷射
干粉灭火器	性能和适用范围与二氧化碳灭火器基本相同	1. 拔去保险锁 2. 按下手柄 3. 将干粉喷向燃烧物
卤代烷灭火器（1211、1301）等	上述灭火范围都可以使用，特别适用于精密仪器、电器设备、档案资料等	1. 拔去保险锁 2. 打开阀门 3. 对准燃烧物喷射

五　使用灭火器注意事项

1. 扑救火灾时要站在着火部位的上风或侧风方向，以防火灾对身体造成威胁。

2. 使用手提式灭火器灭火时，多数需要保持罐体直立，切不可将灭火器平放或颠倒使用，以防驱动气体泄漏，中断喷射。

3. 使用泡沫灭火器扑救可燃液体火灾时，如果液体呈流淌状，喷射的泡沫应从着火区边缘由远而近地覆盖在液体表面上。如果是容器中的液体着火，应将泡沫喷射在容器的内壁上，使泡沫沿容器内壁流入液体表面加以覆盖。要避免将泡沫直接喷射在液体表面，以防射流的冲击力将液体冲出容器而扩大燃烧范围，增加扑救难度。

4. 使用二氧化碳灭火器时应佩戴防护手套，未佩戴时不要直接用手握灭火器喷筒或金属管，以防冻伤。

六　火灾事故处理流程

1. 发现火情及时报警

（1）客房发生火灾时，客房服务人员、管家等在店成员应充分表现良好的专业服务能力和紧急应变能力，沉着冷静地按平时防火训练的规定要求迅速行动，确保民宿的人身财产安全，努力使损失减少到最低程度。

（2）利用手机、最近的电话机，拨打 119 报警。报警的内容包括起火具体地点、燃烧物、火势程度等。

2. 及时扑救

如果火势较小，可以利用水、灭火器、消防栓等器材控制火势，并尽力将其扑灭。

3. 疏散宾客

（1）如无法控制火情，应迅速有步骤地组织疏散，以免遭受重大伤亡。

（2）听到疏散信号时，在店工作人员应立即到楼道上协助宾客从最近的消防通道撤离。

（3）在疏散时要通知客人走最近的通道，千万不能使用电梯。一般应将事先准备好的"请勿乘电梯"的牌子放在电梯前，并将电梯锁住。

（4）各层楼梯口、通道口都要有人把守指挥，以便为客人引路及避免大量客人涌向一个出口，造成挤伤踩踏事故。

（5）帮助老弱病残、行动不便的客人离房。管家要逐间查房，确认房内无人，并在房门上做好记号。

（6）人员撤离至指定地点后，管家组织人员查点客人。如有下落不明或还未撤离人员，应立即通知消防队员。

4. 善后处理

（1）扑灭火灾后，应注意保护火灾现场。

（2）查明或协助查明火灾原因，核实或清查火灾损失情况。

（3）安排清洁人员清理地面水渍、走廊地毯等。

七　火灾的预防

俗话说"防火胜于救火"，民宿主应高度重视防火，可以以管家为组长，成立防火小组，制定完整的防火计划，防患于未然。

1. 加强员工培训，增强防火意识

应组织员工学习民宿制定的防火手册，并制定防火安全条例，建立防火岗位责任制，明确各岗位员工平时对灭火设备维护和保养的责任。当火灾发生时，明确如何镇定地疏散客人，以及保护和安置重要的财产；在日常工作中如何正确执行操作规程，防止火灾发生，以及向客人宣传防火知识，还可定期举行消防演习等。

2. 建筑装饰中要安装必要的防火设施和选用具有阻燃性能的材料

客房要配备有效的消防设施用品，如防火门、安全通道、自动喷水灭火装置、烟感报警器等。同时，对家具、布件等物品应选用具有阻燃性能的材料。

3. 对住店宾客加强防火宣传

在每间客房内放置防火宣传材料，如《防火手册》《防火须知》等。向客人介绍客房内的消防设施，并提醒客人在室内吸烟和使用电器设备时，要注意安全防火；在房门后张贴一些防火宣传图例。一般情况下，客房还应备有《旅客须知》宣传册，向客人介绍一旦发生火灾时，撤离的方法和路线。

4. 做好日常防火管理工作

（1）定期对重点部位进行全面检查，如紧急出口是否畅通，防火门是否有效，报警、灭火设施是否良好等。

（2）发现客人使用电炉、电饭锅等设备，要及时提醒制止。

（3）发现地面和客房有易燃、易爆物品，要及时清扫处理。

（4）注意检查房内电器、电线和插头等有无短路、漏电、裸露现象，如若发现，要及时修理。

（5）对酗酒过度、吸烟和烟瘾大的客人，要格外关注。

（6）对带电、带油在客房进行维修的作业人员，要及时提醒注意防火。

（7）对发生故障的清洁设备要及时报修，以防因短路或漏电而发生火灾。

（8）制定火警时的紧急疏散计划，包括如何引导客人疏散、保护重要财产等。

第五节　防盗

一　客房安全的含义

客房安全是一个全方位的概念，不仅包括客人的人身、财产安全，而且包括客人的心理安全及员工和民宿的安全。包括以下三层含义。

1. 客房安全是指客房区域应保持良好的秩序和状态。在客房范围内，客人、员工的人身和财物以及民宿的财产安全不受侵犯。

2. 客房区域应当处于一种既没有危险，也没有可能发生危险的状态。如果客房存在一些不安全因素，又没有相应的防范措施，即使暂时没有发生事故，也不是真正意义上的安全。例如，客房内的电源插座损坏、电线裸露，浴缸无防滑措施、热水龙头过于灵敏、客房的门锁没有及时修好、钥匙管理混乱、安全通道堵塞、安全门方向无指示标志、违法犯罪分子混入、地面湿滑等。所有这些因素都有可能会在一定的条件下、一定的场合中、一定的时间内突然引发危险，造成人身伤亡和财产损失。因此，确保客房安全是指不发生危险以及对潜在危险因素的排除。

3. 客房安全不仅包括事实安全，也包括心理安全。事实安全是指不发生并且不可能发生危险的安全状态；心理安全则是指宾客对民宿安全程度的一种心理感受。

事实安全与心理安全的关系是：心理安全是由事实安全引

起的。宾客对民宿有心理安全感，是民宿安全状态长期稳定的结果，而失去安全感也必定是由民宿的某些事件引起的。面对一个控制有效、秩序井然的民宿，宾客是不会有心理负担的，不安全的心理感受也就无从产生。反之，对于经常发生不安全事件的民宿，宾客心理上当然不可能踏实。

事实安全和心理安全有着因果关系，但有时两者并不统一。如客人感到安全的时候，却并不一定是民宿最安全的状态。事实上，刚发生过不安全事件的民宿往往是最安全的，因为这时民宿必将从各个方面加以改进，防止再犯。然而宾客却心有余悸，不安全的心理感受难以消除。由此可见，不安全事故发生对民宿带来的危害，不仅仅是事故本身所造成的损失，更严重的是发生后一段时间内事故所带来的影响。

从目前民宿发展的状况看，人们对民宿的心理安全要靠民宿经营者建立，即把安全放在首要地位来看待。

二　客房安全的重要性

1. 安全是民宿经营的前提和保证

民宿经营要满足宾客消费需求，必须以保证宾客安全为基础。可以想象，一家经常发生偷盗、伤亡事件的民宿，即使其设施再豪华，服务再周到，客人也是不会光临的。可见安全虽不是宾客消费的内容，却是宾客消费的前提，因此也是民宿经营的保证。

2. 客房安全是宾客的基本需求

民宿的宾客来自四面八方，在陌生的环境中，对安全的需求较之平时更为突出。客房是客人在民宿暂居的最主要场所和财物存放地点，是宾客的"家外之家"，客人对客房的安全期望值也最高。因此，客房必须是一个安全的场所。民宿有义务和责任为宾客提供安全和保护，以满足宾客安全的期望。

3. 客房安全是民宿安全工作的重要组成部分

民宿安全工作的范围很广泛，涉及民宿各个部门和角落。客房是民宿的主体，是客人住宿、生活的场所。危及客人人身、财产的事件绝大多数发生在客房，因此，客房安全是整个民宿安全工作的重点。

4. 客房安全与否，直接关系客人的满意程度

安全是客人的基本需要，客人对客房安全期望值很高，希望能在这不是家的"家"中无忧无虑地度过一段美好时光。可以说在任何时候旅客选择投宿场所必然考虑安全问题。要提高客人的满意程度，有一个安全的住宿环境是很重要的。如果在客房服务工作中忽视必要的安全防范意识，客人要求开门不核实身份、非住店客人进入楼层不询问，那么就可能给犯罪分子以可乘之机。试想，如果一位客人在客房住了几天，对客房服务赞不绝口，但就在他离开的那一天，钱包在客房被盗，客人对民宿的好印象就会一扫而光，留下的只有遗憾和不满。加强客房安全管理是提高客人满意度，进而提高客房出租率和民宿经济效益的重要手段。

5. 客房安全与否，直接关系民宿的经济效益

安全工作不力所造成的损失不仅表现为直接的经济损失，如发生火灾、财物被盗，更主要地表现为一种声誉的损失，即形象的破坏。这种损失具有一种辐射作用，往往难以用数量来衡量。如果一家民宿刚开业不久，客房就发生较大的盗窃案件，使受损的客人叫苦不已、怨声载道，而其他客人胆战心惊，民宿因此而报上有名，则会使客人望而却步。从此，民宿便会门庭冷落，经济效益一落千丈。许多人面对社会旅馆、私人旅馆的顾虑主要是源于对安全和卫生缺乏信任。如果民宿客房能使客人安全有充分保障，加之其他特性都具备，必然提高客人的满意度，从而提高客房出租率，给民宿带来良好的经济效益。

6. 客房安全与否，直接关系员工的积极性

安全不仅指客人的安全，也包括员工的安全。如果客房安全管理工作混乱，各种防范和保护措施不力，工伤事故不断，员工的安全没有保障，就很难使员工安心、积极有效地工作。

7. 加强客房安全管理是保障客人安全、展示客房管理水平的重要标志

客房部的首要功能和任务是向客人提供高质量的客房商品，清洁、美观、舒适、安全是这一商品的主要特性。如果缺乏安全要素，客房再清洁、美观、舒适也没有意义。客房安全常出问题，客房部的管理就彻底失败了。

三 盗窃的种类

1. 外盗

主要是指外来不法分子混入楼层进行偷盗，有的冒充民宿的客人，有的冒充访客，混入客房偷盗。

2. 内盗

主要是指民宿员工利用工作之便进行偷盗。他们对民宿的情况比较熟悉，且不易被发觉，这为其行窃提供了方便。

3. 内外勾结

主要是指民宿内工作人员向社会不法分子提供信息，里应外合，进行作案。

4. 客人自盗

主要是指住在同房间或同楼层的素质较差的客人相互偷盗财物，或客人将客房内不允许带走的物品自行带走。

四 防盗措施

民宿经营者要注意，完全杜绝客人和员工的偷盗行为不是一件容易的事，但适当预防可以避免和减少这类事件的发生。

1. 对客人的管理

（1）民宿主或管家要提高警惕，掌握客人出入情况，做好来访登记工作，注意观察进出客人携带物品情况。

（2）房态报表、交接班本应对外保密。

（3）加强对储藏室的管理，不可让客人自己进入储藏室拿取备品或布巾用品。

（4）客房中价值较高的物品如挂画、灯饰等，应该采用较大尺寸，使客人无法将其装入行李箱中。

（5）客人入住时，要提醒客人妥善保管好贵重钱物。

（6）对晚间没有回房住宿的客人，应及时做好记录并联系客人，了解情况。

（7）客人退房时，要清查房间物品，如有遗失，立即与客人联系，核对事实。

（8）在巡视客房时，如发现客人门钥匙忘记拔下，应敲门提醒客人；若房中无人，则应将门锁紧，钥匙交存服务台并做记录。

2. 对访客的管理

（1）凡住客本人带来的来访客人，管家可不予询问，但要做好记录，包括访问的时间和人数。

（2）对单独来访客人要上前询问，并查验证件，通知客人。若客人不在，应请来访客人到公共区域等候，不要带其进入客人房间等候。

（3）若访客因事较晚不能离店时，应让其到总台办理入住登记手续。

（4）要充分发挥监控系统的作用，对客房楼道、走道、出入口等进行严密监控，发现不明外来人员要及时查询。

3. 对员工的管理

目前，民宿处在多种形态并存的阶段，不少民宿是家人自己管理，也有很多民宿引入管家和服务员制度，因此，对员工进行管理是一个细致而重要的工作。

（1）举行经常性教育。对员工加强职业道德教育，提高员工的素质，增强员工遵纪守法的自觉性。

（2）实行一定的奖惩手段堵住漏洞，不给作案者可乘之机。

（3）一旦发现有偷窃行为，要严肃处理，毫不留情。

（4）严禁在工作时间会客、串岗或擅自离岗。

（5）严格履行领用和保管物品的手续。

（6）在清扫客房时，不能随意将客房钥匙放在清洁车上或插在客房门锁上。

（7）不能主动将客人的情况告诉不明身份的访客。

4. 对钥匙的管理

民宿客房钥匙种类一般比较单一，但由于现在民宿的规模呈现酒店化趋势，在此将较齐全的种类做介绍。

客房钥匙种类主要有：开启客人入住房间的客用钥匙；提供服务员打扫房间的通用钥匙；开启该楼层所有房间的楼层总钥匙，供领班使用；开启所有客房的客房总钥匙，供管家或民宿主使用。客房钥匙是客房安全管理的重要环节，绝不能麻痹大意。钥匙丢失，随意发放，私自复制或被盗都会给客房安全带来威胁。因此，为保证客房安全，必须严格控制钥匙的使用。

（1）当客人办理入住手续后，可发给客人该房间的钥匙，供客人出入时使用。

（2）客人退房时，要提醒客人归还钥匙。

（3）服务员在清扫客人房间时，必须随身携带钥匙，不能把钥匙随意放在工作车上或插在房门锁上，也不得交他人保管。

（4）在巡视时，若发现客人房门上插有钥匙，要敲门提醒客人收好。若房中无人，可将房门锁好，钥匙拔下，交管家处理，并做好记录。

（5）禁止为陌生人开启客人的房间。确因工作需要进入的，应由民宿工作人员陪同进入房间，并做好记录。

（6）聘请当地村民做民宿清洁整理的人员，在其上下班时，要做好钥匙的交接工作，并严格收发签字制度。

（7）严禁将工作钥匙带出民宿。

（8）对于把钥匙忘在房中的住客，能够确认的可用工作钥匙为其开门，并嘱咐下次出门别再忘记；不能确认的要礼貌查验证件，并与服务台核对无误后，方可开门。

（9）对于持住客钥匙的陌生人欲进房间，服务员应礼貌劝阻，请其到公共区等候主人回来。有的民宿规定很严，会收回所持钥匙，待住客回来再处理。

（10）若发现钥匙有裂痕或折断，要由管家签字并派员到民宿专设的锁匙室配制。

四　失盗处理及注意事项

1. 失盗处理基本流程

虽然民宿采取了很多安全措施，但仍无法完全杜绝盗窃事故的发生。因此，一旦发现此类事情，民宿经营者要积极妥善处理。

据国外统计，在客人报称丢失物品中，有40%是放错了地方，30%是客人记忆不清，30%是真正丢失。客人在住宿期间财物丢失、被盗或者被骗后，应直接报案或报失，民宿主和工作人员都应该积极协助客人（或公安机关）调查失窃原因，寻找线索，尽快破案。

（1）当接到客人报失后，服务员应立即报告管家，由管家与服务员共同处理。

（2）认真听取客人的陈诉，问清客人丢失物品的详细内容并做记录。应到现场帮助客人尽量回忆物品丢失的前后经过，分析是否确实丢失。常有客人因害怕丢失物品而在客房里东藏西藏，最后忘记了地方的情况。

（3）在征得客人同意后，可由管家与服务员共同在房间帮助查找。物品找到后应将结果记录存查。

（4）如果调查显示客人财物确属被盗或被骗，要立即向民宿主汇报，并保护好现场。经民宿主同意后向当地公安机关报案，待公安机关破案处理。

2. 失盗事故处理注意事项

（1）客人报失后，服务员只能听取客人反映情况，不要做任何结论猜测或讲否定的话，以免为今后的调查工作增加困难或使民宿处于被动。

（2）服务员个人绝不可擅自进房查找，以免造成不可想象的后果。

（3）客人报失后，进入过客房的服务人员也要受到询问。服务员应采取积极协助的态度，不要有委屈或不满情绪，更不能在自己有失职行为时有意隐瞒。

（4）如遇其他客人询问，民宿内部应统一口径向客人解释，注意安抚客人，严禁员工乱猜、乱讲，做有损民宿声誉的事情。

第五章

餐厅与服务

第一节　餐厅的设计与布局

一　餐厅的设计原则

1. 规划布局要合理，强调整体性

餐饮是增加民宿特色的重要手段，餐厅的设计要充分调研民宿的客源市场和当地的周边环境，围绕民宿的市场定位、产品开发、功能布局和流程设计、管理模式及其配套隐蔽设施的整体布局等。

2. 设计理念要新颖，风格要独特

现代民宿越来越注重运用适应时代潮流的设计新理念，突出民宿经营的主体性和个性，满足客人在快节奏的社会中追求完善舒适的物质和精神需求。

因此餐厅设计要体现"简洁舒适即是豪华"这一理念，通过巧妙的几何造型、主体色彩的运用和富有节奏感的"目的性照明"烘托，营造出简洁、明快、亮丽的装饰风格和方便、舒适、快捷的经营主题。

3. 物品要绿色环保，注重健康饮食

随着人民生活水平不断提高，人们开始更多地关注生活的质量，追求安全健康的生活，在这种状况下，绿色环保、营养健康、娱乐休闲成为民宿餐饮的新时尚。餐饮建材和家具的选择侧重于生态自然，整体环境干净整洁，食材新鲜美味，可以给游客留下好印象。

二 餐厅的设计要点

1. 风格的选择

餐厅设计风格有很多，比如中式、日式、欧式、美式等等。不管哪一种设计都必须与餐厅所经营的内容相一致，也就是说经营中餐的就将餐厅装饰成中式而不要设计成欧美式，这样消费者才会有一种融入感。

2. 色彩的搭配

餐厅的色彩配搭一般都是随着客厅的，这主要是从空间感的角度来考虑的，因为目前国内多数的民宿设计中，餐厅和客厅都是相通的。对于餐厅单置的构造，宜采用暖色系，因为从色彩心理学上来讲，暖色有利于促进食欲，这也就是很多餐厅采用黄、红系列的原因。

3. 环境的布局

作为一个整体，餐厅的空间设计首先必须满足接待顾客和使顾客方便用餐这一基本要求，同时还要追求更高的审美和艺术价值。

配置得当时，添一份则多，减一份嫌少，移去一部分则有失去和谐之感。因此，设计时还是要运用适度的原则把握秩序的精华，这样才能获得完整而又灵活的空间效果。

在设计餐厅空间时，由于备用空间大小各异，其组合运用亦各不相同，必须考虑各种空间的适度性及各空间组织的合理性。

4. 餐具的配置

摆台餐具作为民宿的一张软标识，一直以来都深受大家重视，制作精良的摆台餐具不仅能够给人留下良好的印象，更能从侧面完美地体现出民宿风格。

诸如餐桌、椅以及橱、柜、架等，它们的大小或形状虽各不相同，但应有一定的比例标准，以求得均衡与相称，同时各种设备间应注意相互的空间关系，以求提供有水准的服务。

三 餐饮服务质量控制

1. 餐饮服务质量现场控制

所谓现场控制，是指监督现场正在进行的餐饮服务，使其规范化、程序化，并迅速妥善地处理意外事件。现场控制的主要内容包括以下几项。

（1）服务程序控制

开餐期间，管家通过亲自观察、判断、监督，指挥服务员按照标准服务程序服务，发现有偏差要及时纠正。

（2）上菜时机的控制

在开餐过程中，要把握客人用餐的时间、速度和菜肴的烹制时间等，做到恰到好处，既不要让客人等待太久，也不应将所有菜肴一下子全放到桌面上，管家应时常注意并提醒掌握好上菜时间。

（3）意外事件的控制

餐饮服务是面对面的直接服务，容易引起客人的投诉。一旦引起投诉，管家一定要迅速采取弥补措施，以防止事态扩大，影响其他客人的用餐情绪。

若是由服务态度引起的投诉，管家除向客人道歉外，还应替客人换一道菜。发现有喝醉酒的客人，应告诉服务员停止添加酒精性饮料。对已经醉酒的客人，要设法帮助其早点离开，以保护餐厅的气氛。

（4）人力控制

开餐期间，服务员实行分区看台负责制，在固定区域服务。服务员人数的安排要根据餐厅的性质、档次来确定。在经营过程中，管家还应根据客情变化，进行再分工。

2. 服务质量反馈控制

反馈控制就是通过质量信息的反馈，找出服务工作在准备阶段和执行阶段的不足，在以后的服务控制中采取措施，提高服务质量，使客人更加满意。信息反馈系统由内部系统和外部系统构成。

（1）内部系统

内部系统是指信息来自服务员、厨师等。因此，每餐结束后，如果发现特殊情况，相关人员可告知管家，以便及时改进服务质量。

（2）外部系统

信息反馈的外部系统，是指信息来自客人和朋友。为了及时得到客人的意见，餐桌上可放置客人意见簿，在客人用餐后，也可主动征求客人意见。餐厅人员对于反馈回来的投诉应予以高度重视。

第二节　菜单设计

旅行是换个地方进行生活，客人在主人准备的舒适客房一夜好眠之后，迎接客人的是充满朝气的早晨，享受过民宿主人的丰盛早餐，开始乡村田园与城市漫步之旅。所以民宿早餐的准备就要求民宿主人特别用心。一天的旅行结束后，大多数民宿客人会选择回到民宿内，和民宿主人一起享用一顿具有温度的晚餐。

一　早餐

民宿的早餐一般选用自家农田里的当季蔬果，早餐丰盛，摆盘漂亮。考虑到经常有客人是连续住好几天的，一般准备2～3个套餐，轮流进行更换。搭配原则以主食＋配食＋饮料为主。

主　食	配　食	饮　料
粗粮	蒸紫薯	牛奶
粥（皮蛋瘦肉粥、燕麦粥、白粥）	烤香肠	蔓越莓桑葚汁
面条	煎蛋	橙汁
自制小馄饨	小菜	咖啡
蔬菜吐司	煎饺	豆浆
鸡蛋卷	白煮蛋	酸奶
口袋三明治	蔬菜沙拉	水果杯
培根蛋卷	鸡胸肉沙拉	黄瓜胡萝卜汁
水煮玉米	水果沙拉	雪梨汁
蒸紫薯	鸡蛋饼	红茶
法棍	水煮蛋	玉米汁

说明：该菜谱根据翠域莫干山民宿菜单整理，已获授权。

二 晚餐

1. 晚餐基本以炒菜＋素菜＋煲汤＋主食为主，食材尽量选择当地的土特产品，保留食品的淳朴味道。

炒 菜	素 菜	煲 汤	主 食
香炒仔鸡	香菇青菜	竹林鸡汤	扬州炒饭
稻香鸭	菠菜木耳	神仙老鸭煲	蛋炒饭
毛笋干烧肉	香蒿肉丝	鱼头豆腐汤	雪菜肉丝面
椒盐小肉鱼	手撕包菜	清溪杂鱼煲	青菜面
粉蒸肉（土猪肉）	茄子年糕	三鲜老豆腐	发糕八宝饭
农家外婆菜	生菜	菌菇汤	小米糕
红烧小野鱼			

说明：该菜谱根据翠域莫干山民宿菜单整理，已获授权。

2. 火锅。

底料为鸡汤或鱼汤，配料为肉类、豆制品、有机蔬菜、丸类、根茎及菌菇类、饮料。

3. 人数大于 5 人，可提前预订套餐，主要包括冷菜与热菜，食材多数选择比较常见且具有当地特色的。以下作为参考的 AB 两个套餐，分别都包含有冷菜与热菜，比较符合中国人的饮食习惯。

A 套餐

冷菜：盐水鸡、鸭掌、酸爽萝卜皮。

热菜：老鸭煲、手抓仔排、葱油芋艿、红烧沼虾、葱油鳊鱼、炒三鲜、韭菜螺蛳肉、虾干娃娃菜、毛笋干烧肉、木耳菜、小米糕。

B 套餐

冷菜：卤鸭、五香爆鱼、松花豆腐。

热菜：土鸡煲、干炒肥牛、葱油鳜鱼、野三角芹肉丝、虾饼、咸菜桃泥羹、文蛤水蒸蛋、有机花菜、咸菜野笋豆瓣、香菇青菜。

第三节　民宿的服务

民宿属于第三产业中的服务业，服务的好坏直接影响到客人入住体验。服务是一种无形的商品输出，民宿每时每刻都向客人输出服务产品。

民宿所能提供给客人的服务分为两种，分别是功能性服务与心理服务。前者解决客人需求，能够给客人提供便利。后者心理服务能让客人感到满意。服务可以成为客栈民宿的卖点，做好服务永不过时。硬件不足服务补，优质的服务能够弥补民宿在硬件上的缺陷。把服务做好了，客户满意了，民宿才有机会挣到更多的钱。

在民宿中，客人一般有三种服务体验：服务体验差或者没感受到服务，很容易出现差评；服务体验一般，不好不坏，在评论中，一般不会出现服务点评；服务体验好，会成为好评中的重要因素。

服务体系包括服务内容、服务要求、服务态度、服务质量、服务标准化流程、服务执行等方面。

一　服务内容

民宿的服务内容分为个性化服务、管家式服务、低价高值服务、人情味服务等。

（一）个性化服务

个性化服务除了满足客人共性需求外，还针对客人的特点和特殊需求，主动积极为客人提供针对性的服务。客栈民宿个性化服务是相对酒店的标准化、程序化服务，在基础服务的基础上进行的一种区别性、灵活性服务。把每一个客人当作独立的个体，针对每个个体进行服务。那么民宿要如何做好个性化服务？

1. 客栈民宿要有个性化服务意识及个性化服务内容，能够根据客人的特殊情况及个体情况提供针对性服务。

2. 打破常规，换种思维角度去提供服务。

3. 搜集客人入住信息及关注客人入住习惯。

4. 民宿主或管家在一些事情上适当放权给工作人员，使工作人员在服务上可以更加灵活。

（二）管家式服务

管家式服务就是充当客人的私人管家，处理客人各种要求、预定、预约、问题，提供一站式服务。如帮助客人安排车辆、规划旅游行程、预订门票、旅游导游等。分一对一管家服务、一对多管家服务。管家式服务更偏向于酒店，受限于人力成本等诸多因素，管家式服务适用于精品高端客栈民宿。管家式服务对于客人来说是一种享受体验型服务。那么，民宿如何做好管家式服务？

1. 提高管家服务素养及工作能力。由于管家的工作职责要求，管家要一职多能。

2. 跟客人建立好关系，告知客人管家提供的服务内容及了解客人的需求。不要让客人觉得住宿期间没享受到管家服务。

（三）低价高值服务

客栈民宿消耗极低的人力成本、物力成本，对客人来说却是很有价值的服务。民宿可以在叫醒服务、行李寄存、延迟退房（当天没有客人入住的情况）、提供针线包雨伞等、行程规划、预定门票、收发快递、照片打印等方面做好低价高值的服务。

（四）人情味服务

人情味服务是一种有温度、能够传递情感的服务，能够让客人感受到客栈民宿的情感，从而能够调动起客人的情绪。情绪波动分为两种，负情绪波动（失望、愤怒、不解等）、正情绪波动（感动等）。民宿做好人情味服务的关键是做好以下三点。

1. 适当"降低"客人地位，把客人当做朋友而不是上帝。如果客人站在上帝角度，把客栈民宿提供的任何服务都当做理所当然，很难引起情绪波动。

2. 在服务过程中，学会用暗示语。"我们本来没有义务做，但是我们帮你做了。""别人家不会这样做，但是我们打破常规帮你做了。"通过暗示，让客人心理出现波动。

3. 超出客人的心理预期，客人心理预期一般来源于以往住宿体验、经历。如果服务质量、服务形式超出客人心理预期，那么就会调动起客人的情绪。

二　服务要求

在给客人服务时，管家及服务人员要注意以下这几点服务要求，让客人在入住民宿期间能够享受到民宿主人带来的舒适服务。

1. 超出预期的服务，能够给客人带来惊喜。

2. 区别服务对待，针对不同的客人提供灵活性的服务。

3. 细心、主动、有预见性地为客人服务。

4. 打破常规。

5. 站在客人角度考虑问题。

三 服务态度

好的服务态度包括认真、热情、主动、尊重、礼貌、诚恳、及时等。在线旅行社（Online Travel Agetn，OTA）评论上，经常看到差评中写着服务态度很差或者服务态度恶劣。如，"想要用衣架，给前台打了三次电话都没送来"。这条差评就是由服务不及时引起的。服务差评中，很大部分是由服务态度差引发的。在服务过程中，一定要有好的服务态度，重视客人的需求。

四 服务流程

客栈民宿的服务也可以标准化。细心观察客人行为举动，主动、预见性地提供服务。如客人从外面买了一些水果回来，主动问客人是否需要水果刀。服务具有时间性和空间性，贯穿着客人预订、入住、离开三个阶段。客人在网上预订后，服务就已经开始了。

1. 客人入住前服务流程

（1）确认客人订单后，第一时间找到客人联系方式，主动联系客人。

（2）告知客人已经预订成功。

（3）询问客人出行有关信息：乘坐的交通工具类型及到达时间。

（4）出行情况：旅游、商务还是度假等。

（5）结伴情况：独自出行，情侣、朋友、夫妻结伴出行。是否有小孩或者老人。

（6）饮食方面有哪些禁忌。

（7）有没有行程规划。

（8）添加客人微信，给客人发送客栈民宿地图信息及坐车信息。

2. 服务中注意几个小细节

（1）服务内容要具体化，把服务的内容进行整合告知客人。

（2）在旺季时，客人要求会很多。这时候要把客人各种要求记在本子上，根据要求的轻重缓急去解决。以防忘记或者遗漏未去解决，导致客人不满。

（3）和客人进行有效沟通，对客人提出的要求要理解到位。以防对客人提出的要求理解片面或者有误，在解决过程中，不符合客人的要求。

（4）在微博或者微信上了解客人需求，并有针对性地安排解决。

（5）不要把个性化服务当做标准化服务来做。

客人入住前的两个案例。

案例1：客人在某个平台上预订了A客栈一间房。A客栈的前台人员收到信息后，把客人的入住信息登记后就完事了。

案例2：客人在某个OTA平台上预订了B客栈一间房。B客栈的前台人员收到OTA后台信息后，把客人的入住信息登记下来。然后找到客人的电话号码，第一时间与客人取得联系。

首先欢迎客人预订并告诉客人已经预订成功了。然后询问客人的情况，几个人过来，是不是带小孩或者有老人随行，有没有一些特殊的要求。最后，跟客人要到微信号，添加了客人的微信。在微信里把客栈的地图及交通路线给客人发过去。同时，查了一下客人入住日期的天气状况，提醒客人。

分析上面两个案例，第一个案例是被动接受，对客人的信息了解有限。第二个案例工作人员主动出击，对客人的信息有了很全面的了解。然后根据客人的信息做出一些针对性安排。

3. 在客人入住期间，民宿管家可以根据客人的个体情况做一些针对性的服务安排。如果客人是情侣出行，房间布置得浪漫一点；如果客人有老人小孩随行，房间安排低楼层、光照好的房间，客房里提前准备一些小孩子用品，如儿童图书、玩具。遇到客人飞机晚点到达的情况，给客人准备一些夜宵。

　　客人入住期间的两个案例：

　　案例1：前台人员根据客人预订前的信息了解到，这对客人准备结婚，来这里要拍婚纱照。在房间整理过程中，提前在客房精心布置，在客床上用新鲜的玫瑰花摆置了一个心形图案，并且在地面上用蜡烛摆置了一个心形图案。客人打开房门，看见房间里面的布置，出乎意料，十分感动。

　　案例2：客栈老板在微信朋友圈看到入住客人发表的一条说说："带的相机坏了，我们毕业旅行的照片只能用手机凑合拍了。"后面发了一个大哭的表情。客栈老板看到后，第二天安排客栈内精通拍摄的员工，给两个客人免费拍摄了一组毕业旅行照片。

4. 客人退房后服务流程：客人进行退房时，前台人员要以最快的时间为客人办理好退房手续。在客人等候期间，给客人一瓶水。退房手续办好后，帮助客人把行李搬上车，和客人说再见。晚点时发短信询问客人是否安全到达。

五　服务执行

客栈民宿从掌柜到前台、清洁人员都是服务的执行者。客栈民宿要进行人员服务培训，提高服务意识及服务能力；有效刺激员工，提高服务质量。对被客人提名表扬的员工，客栈民宿给予物质奖励；服务内容流程化。

第四节　餐饮质量管理

民宿餐饮服务的主要任务是按照规范化的服务程序和服务标准，采用一定水平的服务技巧，及时为客人供餐，满足不同客人对餐饮的各种需求。所以，一定要做好餐饮服务质量的管理。

一　餐饮服务质量标准

所谓餐饮服务质量，就是餐饮服务活动所能达到规定效果和满足客人需求的特征和特性的综合。其主要由环境质量、设施质量、餐饮质量和服务水平构成。

1. 所有客人看到的必须整洁美观

客人对一个餐厅的印象，往往是从表面开始的，如餐厅的立面、台面、墙面、顶面、地面、脸面等，由此形成对餐厅的初步感觉。所以必须做到以下两点。

（1）注意餐厅的店容店貌。民宿的餐厅装修要有自己的特色，要与整个民宿的软性设计相搭配，物品摆放要整齐有序，餐厅环境要洁净美观。

（2）民宿主及员工的仪表仪容要求做到端庄、得体和大方。

2. 所有提供给客人使用的必须有效

有效是客人对餐厅服务的核心需求。

（1）设施设备的有效，即要求餐厅的功能布局要合理，设

125

施要配套，设备要完好，运行要正常，使用要方便。

（2）餐厅用品有效，即要求餐厅的用品在数量上要满足客人的需求，在质量上要符合功能性和物有所值的要求，在摆放上要方便客人使用。

（3）服务规程有效，即要求餐厅服务项目的设置要到位，服务时间的安排要合理，服务程序的设计要科学，服务方式的选择要恰当，服务标准的制定要适度，员工的服务技能要熟练。

3. 所有提供给客人使用的必须安全

"安全"即餐厅所提供的环境、设施、用品及服务必须保证客人的心理安全。安全是客人最低层次的需求，要保障客人的安全，则应做到以下几点。

（1）要保证设施设备的安全性。如科学安全的装修设计，规范的设备安装等。

（2）要保证安全管理的有效性。如科学完善的安全管理制度，有效的安全防范措施等。

（3）要保证服务的安全性。如科学合理的操作规程，人性化的服务方式，尊重客人的隐私，保证客房的私密性等。

4. 所有员工对待客人必须亲切礼貌

亲切礼貌是对餐厅服务态度的基本要求，主要表现在员工的面部表情、语言表达与行为举止三个方面。

（1）面部表情。微笑服务始终是最基本的要求。但是仅仅有微笑是不够的，微笑服务要与自身的仪表仪容相统一，同时要对客人有发自内心的热情，辅以柔和、友好、亲切的目光，并在服务中及时与客人沟通，才能笑得自然，客人才能感觉到民宿员工的亲切礼貌。

（2）语言表达。比如，客人见面时要有问候语，提醒客人时要用关照语，客人召唤时要用应答语，由于餐厅条件不足或

工作疏忽未满足客人需要或给客人带来麻烦时要有致歉语，客人离店时要有告别语。

（3）行为举止，则主要体现在主动和礼仪上，如主动让道，主动帮助，注重礼节等。

第六章

民宿特色活动

　　民宿的特色活动就是民宿根据其主题定位，依托其独特的资源，为游客提供的独特文化娱乐和休闲活动，以丰富游客在民宿旅居期间的体验，增进旅客对民宿的情感认同。因此，民宿的活动不是简单地做一些促销和点缀，而是要精心地设计，营造一种家庭式、团队式的温馨、轻松、融洽的氛围，使这种活动成为客人的一种美好的记忆，并转化为民宿的口碑和品牌价值。

第一节　民宿特色活动的基本内容

　　民宿的特色活动，首要在特色二字如何凸显。特色不是强行炮制和硬性凑合的，而是要围绕民宿的主题定位、资源条件、旅客细分人群的需求进行策划和设计，从而使活动具有趣味性、娱乐性、参与性、知识性。

一　民宿特色活动的主要内容

1. 围绕主题特色化

　　不同的民宿，有不同的定位。相同的活动，可以因不同主题定位而有不同的设计。围绕主题特色化，就是要将民宿的主题体现于活动中，彰显民宿的文化特色，使游客在潜移默化中留下美好的记忆，达到对民宿的文化认同和品牌认可。例如，休闲农庄是台湾创意农业较具代表性的发展模式，数量非常多，而且每个休闲农庄都有自己特色鲜明的主题。位于苗栗的"花露休闲农场"以草香文化为主题，农场内种植各式花卉盆栽、药用香草植物，还围绕花草开发和花草洗护产品制作与体验活动、花草餐与花草食品、花草精油DIY体验、花草博物馆以及特色花卉住宿等活动。在沐浴花海活动单元，有从全球各地搜罗的近40种食虫植物，像猪笼草、太阳瓶草等等，品种之多堪称台湾之最，可供教学服务。在精油博物馆，通过专业的导览解说，让我们认识精油的由来与生产历史，博物馆展示了一些20世纪初台湾的蒸馏炉器具。馆内还介绍很多不同的香草植物、香草植物精油萃取过程，并让旅客亲手体验提炼精油，学习调制香水、天然护肤霜等美容品DIY课程。

所以，民宿的特色活动围绕民宿的主题定位，将民宿的资源在这个主题下有效地组织起来。因为民宿所有的产品和服务都是以主题展开的，特色活动就是要通过设计，形成活动、产品、服务的一体化。例如在上述精油博物馆中，通过体验活动和博物馆的知识教育活动，让旅客参与和了解到民宿的主题和文化，深入体验民宿的花卉精油主题衍生产品。博物馆内有特产卖场，售卖很多与花草相关的商品，如生姜薄荷洗发精乳、薰衣草、迷迭香润丝精、生姜薄荷洗沐浴乳、香茅薄荷抹草三合一沐浴乳、老姜精油泡澡素、无患子的天然洗洁剂，还有各种不同香味的精油香皂，适合做手信礼品。

2. 巧妙地利用民宿资源条件

民宿通常开设在具有较好自然和人文资源的地方。民宿的特色活动，应当考虑如何巧妙地利用这些生态资源和人文资源。例如，在台湾淘米的"青蛙丫婆的家"是一个精致的民宿，主人是位健谈的老婆婆，听说之前在台北市某学校当老师，后来厌烦了城市的喧嚣，来到了淘米做起了民宿。由于这里的青蛙有一百多种，居世界前列，所以就取名青蛙丫婆。除了40多张床位外，青蛙丫婆还提供当地青蛙和蝴蝶的科普教育，带着住宿客人郊游，寻找和认识各类物种，晚上带着客人捉萤火虫，甚至动手做陶艺，让人们意识到环保低碳生活的重要性。

3. 选择恰当的时间

民宿的特色主题活动，通常需要常年性的固定开展，所以时间的选择很重要。

一是有些与特定生态资源、自然现象结合的特色活动只能在特定的时间进行，例如观看蝴蝶、萤火虫等，只能在特定的季节。

二是游客可能存在季节性，特色活动需要选择具有一定规模的游客旺季进行。

三是选对日子非常关键。要选个好日子，包括适合的天气和吉日。

四是活动开始和结束的时间。活动需要在一天之中某个时间开始和结束。有的活动宜在白天举行，有的活动则要选择晚上，例如观测天文活动。同时考虑到参与活动的旅客中如果有老人、孩子，活动开始和结束的时间也不能太晚。如果是必须在晚间开始的活动，则必须要考虑到特殊的安全应对措施。

4. 选择适当的场所

通常民宿的住宿空间不会太大，民宿的活动需要考虑活动的复杂性和参加人数规模对空间的需求。一些复杂的活动可能需要特殊的空间安排，例如舞台空间、运动竞技空间（如球场）、展览陈列空间等。

有些民宿会配备附属的活动场所，有些则利用民宿周边的资源条件开展活动。有些是在室内举行，有些是在露天举行。

不同的场所空间条件，要考虑到的因素也是差异很大的。例如，同样特色的婚礼活动策划，在室内和室外的要求是不同的。如果在室外举行西式的婚礼，那么场地的布置需要符合一定的西式冷餐的婚礼风格和规范，对天气条件也有特殊要求。

因此活动组织者必须有效利用空间资源来设计活动的路线图和进程。例如，组织一个家庭或者团队的自行车骑行观光活动，需要在相应起伏迂回的山地园林中进行，并规划路程、时间和驿站，并在每个驿站设计好内容（例如餐饮休憩，生态考察和小型游戏等）。

5. 细分活动的主体

所有的活动，都是在一定主题设定和游戏环节设计下，由特定的人群参与的体验。所以，做特色活动，我们必须要明确活动的参与主体是谁，就是民俗的特色活动针对的是什么样的旅客。只有对这些旅客进行目标细分，进而对这些细分旅客群体的需求、偏好进行分析，才能设计出有针对性的特色活动，最终提高旅客对特色活动体验的满意度。

通常民宿的非标准化、小规模、特色化的旅居条件，吸引的是大城市的消费群体，这些消费群体按照收入水平、年龄层次又可细分。如在收入方面，根据相关调查，主要集中在高收入的人群和收入不高的城市年轻人，市场消费群体呈现哑铃状分布。这两个群体对活动的品质和内涵需求自然会有较大的差异。如果从性别方面细分，不同性别的旅客，对特色活动的需求也是不一样的，男性团队可能会喜欢在乡野草地的竞赛型运动，如足球、橄榄球等，女性群体可能更偏好采摘、亲子娱乐活动。

民宿的经营者应当密切地关注和分析旅客群体，建立起旅客数据系统，对自己民宿的主要客户群体的偏好和需求进行分析，在此基础上设计具有较强针对性的特色活动。在具体分析中，还可将不同的细分标准交叉对比，例如手工陶瓷体验活动，可分析高收入和低收入消费群体的喜好差异点和共同点，及不同年龄、不同收入群体的特征。这样在设计活动的时候，可以在活动内容、活动环节、活动配套服务上进行有针对性的设计，将陶瓷体验区分为高级专业陶瓷体验和普通陶瓷手工 DIY 体验两个工作室，让参与活动的女性旅客自己选择。这种细分群体的分析和活动设计，有利于民宿特色活动的精细化、特色化和丰富化。

要注意的是，民宿的旅客通常来自大城市，虽然散客也较多，但是大多数出行的方式是三五好友、家庭或者是机构的团队外出拓展等群体型方式，针对不同团队和群体组织不同特色的活动是十分重要的。

6. 组织与人员配备

特色活动的执行，需要民宿主人投入全部的心思，也要有一定的人员配备和组织形式。通常，民宿的经营团队不可能有像酒店一样的规模和专化，但是民宿主人可以在民宿特色活动设计中利用各方面不同的力量，在活动的细节上做好组织设计，以提高活动的执行力。

民宿的活动虽然规模不一定太大，但是要精致，需要做到细节完美。民宿主人在活动的设计方面，要把活动的每个环节、流程都清楚地列示出来，在每个环节和流程的关节点上，确定要完成什么样的工作，需要什么样的人参与，明确各自的分工和角色以及花费多少时间、何时何地完成。这是对民宿的非标准化的特色活动进行标准化设计的重要步骤。民宿主人还要在执行中，严格按照计划和标准去检查每个环节，并在每次活动后进行总结、修改和提高。只有这样精益求精，才能让特色活动越做越好，成为民宿的品牌，成为旅客心中永存的美好记忆。

此外，民宿的活动非常强调旅客的参与性。民宿主人在组织和执行中，应当将旅客带入其中，在自主性、参与性的方面进行活动环节设计和任务分配，巧妙地、合理地分配角色，让民宿的特色活动充分体现出民宿特点，并提高旅客参与的趣味性和体验度。例如，乡野民宿的土灶自助野炊活动，民宿主人只需要提供柴火、锅灶台、炊具、餐具等必要的条件，可让旅客自助式地进行采摘，或民宿主人配送好旅客提前定制的食材，让旅客自己生火、烧菜，体验乡村大灶的美味生活。

7. 预算控制

开展特色活动必然要投入一定资源，会提升民宿经营成本，这是民宿主人必须要考虑的事情。做好活动的预算，控制活动的成本开支，带到投入产出最大化，用最小的投入获得最大的活动效益是特色活动在财务方面的要求。

通常民宿都不会像酒店那样有很大的财务预算投入，在有限资金预算条件下，民宿主人必须树立正确的财务观念。一方面活动做得再好看，最终还是反映在财务方面，要看划算不划

算。民宿主人要对活动效益做一个评估，包括客户满意度、活动对销售提升贡献等，既有硬性的财务衡量，也要有软的品牌和满意度等评价。这项工作可以衡量活动的有效性，帮助民宿主人找到哪些环节还可以提高和哪些环节还可以降低成本。另一方面是，预算控制并不是说投入越少越好，而是要提高特色活动的有效性。因此，有的特色活动在改进的过程中，可能需要增加投入，提高性价比。例如，某次民宿的手工活动，可能发现请来的老师并不能满足高端客户要求，而这些高端的客户需要更专业化的指导和培训。为了提高活动品质，就需要请专业的艺术家或者手工艺大家来，必然会提高成本。民宿主人需要衡量一下增加投入对提升整个活动品质和品牌，扩大知名度，提高旅客满意度的贡献。

二　主要特点

民宿活动因为其经营业态的特殊性，而呈现与一般酒店、旅馆和客栈的活动不同的特征。同样，民宿活动因为其以民宿及周边的生态空间为依托，以民宿经营主题为核心，所以与一般的活动项目也是不同的。具体来讲，民宿的活动呈现以下的几个方面特点。

（一）安全性

任何活动的第一基本要求是安全性。但是在民宿的特定空间范围开展活动，特色活动的安全性会有不一样的特点。

1. 规模的安全性

因为民宿经营空间有限，经营人手有限，所以民宿特色活动首先要注意活动规模的安全。通常举办活动希望有大量人参加，以迅速扩大影响。但是民宿的活动规模通常不会太大，是靠长久的积累、精准定位和特色来吸引人。因此民宿活动反而要防止规模太大对活动品质的影响以及带来的各种不安全因素。

2. 人员安全的配备支持

民宿虽然条件不如酒店，但是一样需要在消防、活动餐饮、医护急救等方面做好安全措施，以保障活动的安全。尤其是民宿组织的户外体验活动、竞技型运动活动、亲子型幼儿活动等，需要考虑好各种急救安全措施的安排。民宿自身条件有限，民宿主人可以在做好基本保障的基础上，与社区、乡镇等公共服务单位建立紧密的合作网络，建立常设的联络员制度，为活动提供安全保障。

（二）精致性

民宿的活动多以个性化、小型化、特色化为特点，而且不同于一般的大型活动靠规模而能在短期获得广泛的影响和口碑。因此，需要民宿主人长期地、持续地积累，将活动不断地精细化、精致化，将活动每一个环节分解，提出要求和制定质量标准。

同时，民宿主人需要对与自己活动同类型的其他民宿活动及时把握，包括学习世界各地同类型的活动好的做法，不断将新鲜的元素加入活动环节中，提高和强化自身特色，以防止竞争对手的模仿造成活动的同质化竞争。

（三）高度参与性

所有的活动组织者都希望有高度的参与性，但是民宿的特色活动尤其要强调旅客的参与度。与一般活动旅客大多是旁观者不同，民宿的特色活动要求旅客参与到活动中，成为活动的执行者和主角，自己动手玩，而活动的组织者民宿主人反而退居到服务者的角色。

（四）趣味性

民宿活动的趣味性，除了要具有一般旅游活动好玩、有趣的特点外，还具有民宿所特有的互动、亲密、温馨的特色。这种趣味性，不是像大型的旅游景点那种走马观花的、浅尝辄止的源自活动本身设计的趣味，而是由于民宿本身在特定的民宿文化空间、生态环境中，人与人之间深度地互动、交流而增进人与自然、人与人感情的趣味。例如，我们去迪士尼玩一个项目，或者去世博会，要排非常长的队，这个项目虽然很好玩，下回你也会玩，但是仅仅是项目好玩而已，人与人之间没有交流，人与自然交流也很少。但是在民宿的活动中，我们是大家一起参与的，自己动手玩，无论是在民宿经营的空间内，还是在民宿周围的生态自然环境中，是一种在彻底放松身心的情景下自由的交流和体验。家庭活动、团队活动等形式，都强调人与人、人与自然在活动中相互亲近，产生一种情感的交流和认同。这种趣味是其他形式活动所不具备的。

（五）知识性

民宿活动可以通过寓教于乐，来凸显知识性，以增强活动的特色。例如陶瓷手工体验活动，现在开展得很普遍，包括商场、游乐场都有，但大都是简单的捏捏陶瓷而已，同质化很严重。在民宿中开展陶瓷手工体验，游客完全可以静下心来，认真地、深入地体验真正的陶瓷工艺过程和陶瓷文化，可以围绕陶瓷文化体验，设置小型沙龙，陶瓷制作体验，工艺讲解、展览、制作陶瓷茶具等丰富的活动环节。参与的旅客可以在这样的活动中深入了解陶瓷文化，结交陶瓷大师和兴趣相投的人，品味陶瓷用具，展示自己的作品等。当活动结束时，民宿收获旅客们的口碑和回头客，旅客们收获知识和情谊。这种良好的关系一旦建立，就会成为维系民宿和客户的非常牢固的纽带。

三 混合型民宿活动

(一) 民宿 + 生态休闲活动

民宿通常依托风景优美的生态环境设立。民宿应挖掘生态资源的特点和优势，设计独具特色的生态休闲活动。良好的生态环境是人类生存的基础，民宿可以通过民宿生态休闲活动将外来游客置身于生态空间内，实现人与自然的交流互动。我国一些民宿依托国家级自然保护区的天然优势举办各种文化节庆活动、休闲娱乐观光活动，如四川大熊猫生态保护区的大熊猫馆的义工、教育和互动活动，少数民族地区在美丽的山水中的漂流、亲水和民族山歌会、篝火节等。

(二) 民宿 + 运动休闲活动

民宿可以在优美的自然环境中，开展运动休闲活动，让游客体验回归自然的生命活力，体会运动、娱乐、健康相结合的乐趣，给旅客完全不同于城市健身馆的体验。例如，在优美的自然公园中举行山地自行车骑行活动，呼吸着大自然新鲜空气，可以沿途欣赏优美的风景，到茶园品茶，到花海赏花，在湖边观落日等，这个骑行路线穿行于自然生态风景区，给予旅客完全不同于城市骑行体验。再如，在水资源丰富的风景区，可安排漂流、皮筏艇赛等亲水的休闲运动活动。

(三) 民宿 + 民俗文化体验

我国大部分乡村和少数民族地区，都有十分丰富的民俗文化资源，包括节庆、手工、表演等非物质文化遗产。民宿主人应当充分利用好这些民俗文化资源，设计丰富多彩、富有趣味的民俗文化体验活动，让旅客体验到独特的民俗文化，为民宿的品牌加分。例如很多民俗风味小吃都非常有特色，民宿除了可以将其作为特色菜肴外，也可以通过自助式采摘、制作、品尝活动，让旅客深入了解制作过程。如韩国民宿推出旅客参与体验打年糕、制米花甜饼、腌制韩国泡菜等韩国各色传统美食制作活动。再如，很多民俗歌舞和节庆活动，可以通过让旅客参与互动的方式，成为非常有特色的民宿活动。还可以将这些活动与当地特色小吃、民俗工艺展示与体验等结合起来，成为民宿自己的品牌活动。

（四）民宿＋创意农业体验

乡村民宿可以与乡村创意农业经济发展结合，开展丰富的创意农业体验活动。例如，农村的农庄经济各有特色，民宿可以和农庄经济结合，开展休闲农庄的采摘体验活动。春季可以欣赏争相斗艳的鲜花，夏季可以在溪水中捉鱼乘竹筏，秋季可以收割农作物采摘水果，冬季还可以滑雪。像台湾地区很多民宿与创意农业经济结合，形成了花草农林的科普体验活动；韩国新农渔村开发与旅游结合，通过垂钓、捉鱼等活动让旅客了解到海岛渔村经济的特色。

（五）民宿＋主题活动

除了依托本地的自然生态、民俗和产业经济资源，民宿还可以根据自己的旅客群体需求，自主开发一些具有特色的主题活动。这些活动既可以传统，也可以非常现代。既可通俗，也可以高雅。例如，在民宿中设立一个陈列展示公共空间，不定期组织一些小型的艺术展览活动，吸引艺术家群体

经常来民宿进行展览、研讨活动，这些活动可以有效地提升品质，带来艺术家群的客源；再如，可以在民宿中开展演艺活动，如小型的音乐会、小话剧、歌舞晚会，这些活动可以是特定艺术消费群体到民宿来小型聚会，并提供给民宿的其他旅客观赏等。

第二节　家庭活动

民宿的很多目标客户，是以家庭为单位的群体。民宿主要以产权所有人为主进行经营管理，也就是更强调老板和老板娘的存在感，或者说是家的存在感。这种特点特别适宜组织开展家庭活动。

一　家庭活动的基本形式

按照民宿的家庭类旅客的结构，我们可以将家庭活动分为亲子、二人世界、天伦之乐、亲朋好友四个基本形式。

1. 亲子型

亲子型家庭活动是非常普遍的一种形式，大多是父母带着孩子前来。三口或者四口之家居多，也就是家里有 1~2 个孩子的类型。亲子类型的活动，多以孩子为核心进行活动的设计，通过活动增进一家人的感情，同时能提供给孩子知识教育、自然体验和运动健身等机会。例如，组织家庭带孩子进行农业养殖、采摘体验活动，亲近自然和小动物，让孩子在玩乐之中学习知识，认识自然。民宿可为父母提供相关资料和支持，让父母在活动中担任讲解角色，父母带着孩子共同学习。再如，组织民宿的家庭旅客之间开展运动竞赛，以家庭为单位，开展漂流、趣味乡村运动会等特色活动。

2. 二人世界型

二人世界包括年轻没有孩子的情侣和空巢的夫妻两种类型。

这两种类型的年龄层次、收入、生活经历都大不同，对活动的需求也会有差异。

（1）情侣型

年轻的情侣富有活力，是时尚的代名词。虽然很多情侣初入社会，收入不一定很高，但是他们对于活动是十分挑剔的，活动要好玩，还要富有情调，应该是他们在大城市不曾体验的活动。所以对于情侣，活动的风格应该轻松、随意、自主、有趣，不一定要奢侈，哪怕是充满乡土气息的民俗，只要能够有新意，能够让他们参与其中并成为主角，就会获得较好的效果。比如民俗篝火晚会，在山野之间，晴朗的夜晚，星星月色之下，升起篝火，年轻的情侣们围绕篝火载歌载舞，这是在城市中不可能体验的场景。再如，针对特定情侣去乡间的观看流星和天文现象、观看萤火虫等活动，既富有科学意义，也提供了乡村特有的情景，增进了情侣的感情。至于乡村的民谣音乐会（节），也是非常适合青年情侣的活动。

（2）空巢夫妻

空巢的夫妻，在孩子离开之后，有大把的时间来享受恬静的生活，重拾过往因为忙于孩子学习和生活而放下的兴趣爱好，学习一些新的业余爱好。这类夫妻通常具有较好的经济水平，旅游的心境也与年轻时大不相同。

往日重温类的活动：空巢夫妻在放下培养孩子的负担后，轻松之余，又有点惆怅，如果能远离城市喧嚣，跳出原有情景，来到乡间民宿，营造场景气氛，通过参加和组织一些 DIY 创意集市、乡间民俗节庆、圣诞舞会、美食节、结婚纪念日庆祝等活动，能够重新建立被柴米油盐和沉重生活羁绊而淡忘很久的温馨二人世界，不但可以重温恋爱时的感觉，而且加深两人的情感和默契。民宿有望通过这类特色活动积累一批老客户。

返璞归真类的活动：经历半生的风雨，在中年事业有成之后，摆脱了孩子的负担，暂时逃离城市，来到乡间，返璞归真融入自然田园中，通过有趣味的根植、采摘、手工、民俗、休闲运动等活动，能够陶然忘机，寻找到内心的自我。这是中年后的夫妻特有的情感诉求，也是民宿特色活动的痛点。

发现新兴趣的活动：中年之后，在民宿环境下，通过民宿特色活动，夫妻能够静下心来，悠然自得地接触到一些新鲜事物，发现新的兴趣点，可以为后半生建立一种持久的、共同的兴趣，培养起非常牢固的客户忠诚度。这种特色活动应强调知识性、专业性和趣味性，例如手工、绘画、音乐、摄影、花艺、养殖等等，还可以开展交流沙龙、比赛和展览等丰富的活动，形成一个非常稳固的客户圈子。

养生健康类的活动：很多中年之后的人开始关注养生和健康问题，通过民宿的旅居，可以返回大自然中去，在此期间组织一些健康养生类的活动是非常适宜的。这类活动不同于城市中的健身馆，而是在大自然中，体现中国传统养生的人与自然相和谐的养心、养身、养生一体的健康理念。可以开展系列的养生活动和健康知识普及，配合食疗、瑜伽、太极、SPA 等多种服务，提高民宿的品质。

3. 天伦之乐大家庭型

天伦之乐家庭，是三代同堂出游的大家庭。这类家庭既要能够满足全家不同年龄层次的家庭成员的需求，也要使活动具有特色，特别是兼顾老人和孩子，减轻夫妻的负担，应营造一种其乐融融的轻松愉快氛围。例如在节庆日、纪念日期间，可以针对这类家庭开展一些庆祝活动。也可安排一些休闲轻松的农业生态休闲观光活动，如垂钓、采摘、茶文化体验、养生体验等，活动相对综合一点，可以在活动中让老人、孩子和青年夫妻体验不同的娱乐环节和内容。

4. 亲朋好友型

三五好友、几个家庭结伴出游的情况非常普遍。民宿接待这类客人，可将他们视为一个活动群体，有针对性地设计一些富有趣味的集体活动，尽量相对自由宽松一点，让大家都参与进来，通过特色活动加强成员之间的互动和交流。例如掼蛋比赛、垂钓比赛、野营活动、烧烤晚会等等。

二 家庭活动的组织要点

家庭活动的组织的特殊之处在于人多，而且各个年龄层的偏好不一致，所以在组织家庭活动时，应做好以下几个基本事项。

（一）提出家庭活动主题

活动主题应当根据旅客和民宿主人的具体情况而设定，切记不能生硬。主题应当自然而然地与民宿的氛围相和谐，是融入民宿的环境中的，与民宿的主题定位和风格契合，也是民宿主人能够把控的。

（二）活动的设计

民宿非常容易营造出家的氛围，因此在这样温馨的环境中开展活动，旅客一般都比较放松，所以活动的环节要设计得自然。民宿主人要对活动的环节有很好的掌控力。如一个手工活动，表面上看从容自如，活动气氛很好，实际上这些活动背后，民宿主人应该对活动的内容、活动开展的步骤、参与者如何介入和动手制作的规程都非常了解。将每个环节都了然于胸，才能在场面上从容应对。

（三）最佳的规模

民宿通常不会太大，特色活动主要应吸引特定群体，并不是要求规模越大越好，而是要求在民宿温馨、像家庭一样的环境中，确保参与者的参与和体验深度，保持一个最佳的规模，如每次活动限定人数，有报名资格。通过规模的控制，提高活动的品质。这样高品质的活动，是通过系列的、主题的连续开展，通过长期的积累获得一个较大的客户群体。

（四）场地安排

民宿活动是小规模的集体活动，并不一定要求大的场地，但是对于活动场地的空间布置有较高的要求，一定要通过活动场所精心的布置，来烘托民宿轻松的情景，营造活动的家庭氛围。

（五）活跃气氛

活动的气氛，是一种微妙的感觉。包括活动现场的和谐性、活动的节奏、旅客的参与程度、群体之间的互动交流程度等。因此，在活动设计时，应当设定一些活跃的角色来挑起话题，设置一些环节来增强互动。民宿主人要关注活动现场进行的情况，适时介入把控现场，要尽量让每个人都能参与进来。

（六）照顾好大家的胃

活动中的酒水、食品是必不可少的，要做到有特色、可口和卫生。切不可忘记，胃口和情绪是密切相关的，美味的食物可以传递和增进情感交流，只有照顾好大家的胃口，才能让大家愉快起来。民宿主人应多花点心思在特色菜肴、茶点、饮品等方面。

（七）拍照留念

最后别忘了拍照，有的时候还会有录像的要求。这些都是活动的珍贵留存资料。民宿主人可以做成纪念册送给参加的旅客，或者作为民宿的宣传资料。

三 家庭活动的注意事项

（一）民宿主人的全过程参与

家庭活动通常面对紧密无间的家庭成员，民宿主人应当全过程地参与活动的环节，担当主持、服务、引导和支持的角色。全程参与，并不是要民宿主人替代参与活动家庭的成员，而是要求民宿主人能够自然地与家庭活动成员成为一个群体，将自己作为家庭一分子，乃至让整个家庭和民宿主人之间不见外，能够及时地解决活动现场的问题，让活动能够进行得更加顺畅。

（二）精细化、再精细化

家庭活动体验带有群体效应，即家庭一个成员的感觉、情绪，会影响到家庭所有的成员，并可能引起一系列后果。好的情绪会形成良性循环，不好的情绪则会形成恶性循环。所以民宿主人作为活动的发起者、组织者和执行者，必须做到精细化。精细化反映在活动事前策划、过程控制和事后反馈改进三个基本环节。事前的策划要将主题和内容落实到每个环节，过程控制要求深度参与介入活动每个环节，事后要及时收集家庭成员的反映，并做积极的反馈，对活动进行持续的改进和提高，从而维系家庭客户的关系，做好客户管理工作。

（三）注意天气

有些活动对天气条件要求很高。特别是室外的活动。民宿主人不仅要关注活动当天的天气情况，应关注活动期间连续几天的天气情况，这会影响到活动参与者是否能够按期抵达和按期离开。即使是室内的活动，天气也会带来心境的影响。民宿主人应当利用民宿的条件，即使在恶劣的天气中，也要营造出温馨的家庭氛围。例如，在恶劣的暴风雨、风雪天气，要确定旅客是否能够按预定时间入驻，并在民宿中营造氛围隔绝外部恶劣天气的影响，让参与者能够保持良好的心情参加活动。

（四）照看好宠物

民宿的家庭活动应当关注家庭旅客携带宠物的情况，要考虑是否允许携带宠物，如果能够带宠物，要提供相应的照顾宠物的服务，并要制定民宿关于宠物管理的办法，让旅客清楚责任，以确保旅居期间宠物的安全。

四 家庭活动的典型案例

（一）亲子活动

乡村博物馆是城市人缅怀乡村生活、农村当地人追忆往昔生活的场所，盛行于英国、德国、挪威、瑞典、加拿大等众多欧美国家。对于儿童来说，乡村博物馆是了解乡村生活变迁、区域历史沿革的体验基地；对于父母来说，可以在这里追忆历史，给孩子讲授历史知识。例如，德国的乡村博物馆通常模仿百年前的方式建造，陈列各种老式农宅建筑、农耕作业方式及农家生活景象，让游客体验农业生产与农家生活的变迁过程。为了突出特色，馆园内农业生产不使用现代设施，以畜力或人力耕种，用农场的树木制作木炭，栽培方法也必须遵循古老的方式，同时会模仿过去的租佃制度。这类博物馆往往与乡村文化遗产保护、生态环境建设结合在一起。

欧美亲子农业通过乡土化的休闲体验和趣味性的乡村娱乐活动，为消费者提供简单、有趣的乡村生活体验。在环境营造上，追求原汁原味，注重对自然、人文景观的保护，尽一切可能将旅游对自然景观的影响降至最低。在交通工具上，以步行为主，拖拉机、观光马车、小火车、自行车等是最常见的交通工具。在产品设计上，以简单化、原生态和趣味性为主，玉米迷宫、稻草堆、小猪赛跑、牧羊犬赶羊等都是受人青睐的亲子产品。

（二）荷兰德牧斯汀儿童农场

农场位于荷兰中部城市乌特勒支市郊外，占地约 18 亩。与其说是农场，不如说是一座孩子的乐园。农场里选种了日常生活中最常见的蔬菜和植物，为的是让来此参观的孩子们更有兴趣观察它们的原貌。他们在这里不仅学习了知识，而且激发了亲近大自然的天性和热情。农场中有一个简单的儿童餐厅，可给孩子们举办生日聚会。餐厅里几乎所有的食品都来自农场菜地，家长们也可以购买这里的有机蔬菜。虽然价格比超市贵出二三倍，但还是很受家长们欢迎。卖菜收入是支撑农场运转的主要经费。据介绍，荷兰第一个儿童农场于 1939 年出现在阿姆斯特丹动物园内。20 世纪 50 年代，儿童农场开始大量发展起来。当时荷兰出现城市化潮流，为了让孩子们保持对原野、动物和食物的认识，设立了这类儿童农场。全荷兰 400 多个城市共有 500 座儿童农场，大约 2000 名员工和义工。据统计，荷兰每年约有 2500 万人次造访儿童农场。一般小学每年都安排学生前来参观，智障儿童学校、农校更是将儿童农场作为教育基地。

（三）成都的三姑民宿与特色活动

成都后花园如诗如画的荷塘月色旁，藏着一家民宿，低调而不失格调，安静中透出一份雅致。民宿没有过多宣传，只是静静等候着有缘人。就如主人而言："世间美好，总会相遇。"

三姑民宿伫立在偏僻的角落。门槛上枝枝蔓蔓的绿叶漫不经心地挂着。踏入时，一股淡淡的田园气息扑面而来，令整个人温暖起来了。这是一个温馨充满家庭味道的民宿，虽然偏僻，但远道而来的游客并不少。一花一草一木被主人装扮得精致可爱，小池里的金鱼活神仙似地游着，互不打扰，呈现出大自然本来的样子。碎石铺成的小路踩上去格外亲切。客房一派素雅恬淡，原木制作的床板上放着干净的白色被套。墙壁上摆放着古色古香的乐器。

茶道体验：民宿有个露天茶室，后面是一个展览室，陈列锡器、茶器、刺绣、字画、自制手工艺品、老家具，各种精美的物件都是三姑多年的收藏，每一件都代表着一个故事，等待你去慢慢发掘。主人崇尚茶道，民宿里的茶室简单不失格调，茶具大部分精致小巧而别具一格。三五好友品茶聊天不亦乐乎。贴心的主人在庭院中间吊挂着一盆熊熊燃烧的炭火，淡淡的烟雾弥漫开来。傍晚来临慢慢暗了下来，主人和游客一起围着篝火闲聊，聊人生、聊未来，聊到兴致处开怀大笑。抑或围着篝火像藏族同胞一样尽情欢歌舞蹈，这样的仪式纯粹而美好，不是家人胜似家人。原木的地板和柜子清新自然，蓝色的垫子上摆放的靠垫生活气息浓郁。发呆、闲聊、品茶、食味，偷得浮生半日闲。

手工活动：主人时常组织各类主题手工活动，比如手工蒲扇、传统经典的手工蓝染。闲暇时分，朋友、家人可一起感受传统手工工艺。

家庭育儿心理活动：三姑家举办了多期亲子关系心理沙龙，家长都说看到了问题的根源，纠正了很多以前觉得"正确"的教养方式及与孩子相处的误区，期待能多举办此类活动。三姑针对朋友们的需求和问题，邀请资深专家，根据孩子各阶段成长特点及需求划分每期讲解内容，为大家答疑解惑。

第三节　团队建设

以机构的团体成员为主的会议、拓展和训练项目，是民宿潜在的大客户，也是未来具备发展潜力的细分市场。民宿发展应关注和发掘这个潜在的市场，提供团队建设的服务项目，以吸引机构大客户。

一　团队建设

民宿通过提供富有特色的团队的集体活动，来增进团队的相互了解、沟通和信任，提高团队的凝聚力和协作能力，从而能够开辟机构的大客户市场，为民宿的发展建立稳定和可靠的增长来源。

民宿的团队建设活动又不同于机构自己内部组织的团队建设项目。因为民宿的团队建设活动并不是一种团队建设的管理培训活动，并不一定要针对特定的管理学问题和专业的业务问题。恰恰相反，民宿的团队建设活动，是建立民宿特定的情景，通过团队的集体活动，让团队成员在一种不同于企业业务环境的情境中承担不同角色，要求为了完成预定的任务而建立成员之间新的联系。这种互动关系在活动中持续地要求成员之间建立一种信任、互助的关系。

二　团队建设如何组织

民宿要开展团队建设活动，可以有三种不同的组织模式和运作方式。

（一）自主经营

如果民宿主人能力比较强，具备自己策划、组织和执行团队建设活动的能力，能够提出一个或者多个切实可行的团队建设活动方案，以自主运营的方式开展团队建设活动的业务。那么，民宿主人就要负责项目运营的所有事务。这种经营方式的好处是民宿主人能够全盘把控团队建设的项目，能够获得项目所有的收益。但不足是民宿主人精力有限，可供选择的团队建设活动的项目数量不会太多。

（二）合作经营

如果民宿主人并不具备自主经营的条件，但是又面临着较大的团队建设活动的市场需求，有很多政府和企事业单位想在郊外和乡村优美的自然环境中进行团队的训练，民宿主人可以提出一个特色的团队建设创意方案，然后通过合作经营的方式，与专业的团队建设或管理咨询培训公司进行合作，共同开展团队建设活动的市场开发。这种方式的好处是民宿主人作为团队建设活动的创意提供者，合作方作为团队建设项目的管理和实施团队，双方优势互补。民宿主人还可以选择市场上多个有竞争力的团队建设活动的管理咨询公司合作，为客户提供更多的团队建设活动项目选择。

（三）住宿供应商型

如果民宿主人并不具备上面两个经营方式的能力，但是很多企事业单位有这样的需求，并看中民宿的环境，那么民宿主人可以为这样的企事业单位提供住宿服务。这种方式比较简单，但是民宿主人没有什么竞争力，只是引入了一个别人的团队建设项目落地在民宿实施。为了能够将这样的项目和机构留住，民宿主人除了提供住宿方面的服务外，可以充分发挥自身优势，在活动场地支持、配套民宿自身特色活动支持、特色餐饮服务等增值服务方面下功夫，形成双方的互补。

在选择以何种方式开展团队建设活动的业务，以及如何将一个团队建设活动项目高效地落实执行时，民宿主人需要考虑以下几个方面的工作。

1. 市场把脉

民宿应首先对区域的团队建设活动的市场需求和竞争对手情况进行分析。通常机构的团队建设活动需求主要有几种类型，机构团队拓展训练、机构各种小型会议（如中高层会议，客户会议、商务会议等）以及机构的各种活动（如工会活动、联欢活动、年会等）。民宿主人应当了解区域市场这些机构的团队建设活动每年大致的规模，他们对活动内容和住宿条件有什么要求。当然民宿主人受限于自身条件，没有精力像市场调查公司一样投入大量精力做市场分析，但是可以从周边民宿的机构团队客户接待情况、本地区大型企业的熟人访谈和调研了解到相关信息，也可以从专门的咨询市场的调研报告中查阅这些信息。

2. 竞争对手

通常开展团队建设活动的有管理咨询公司和培训公司，这些公司做得都比较专业。民宿主人应清楚了解这些公司开展的是什么样的团队建设活动。民宿主人在团队建设活动策划时，应尽量避免与他们进行同质化的竞争，而应当依托民宿在生态资源、民宿家的温馨氛围等资源优势，开展差异化的竞争，策划和设计适合民宿开展的、具有较强特色的团队建设活动。

3. 分析自身能力

民宿主人要依据自己的能力开展业务，必须对自己的能力和资源有个清晰地认识和判断。在选择经营方式时，选择适合自己目前条件的恰当模式。如果市场很大或者市场很有潜力，而自己有能力独立开展团队建设活动业务，那么可采取自主经营的方式；如果自己的能力不够，但是资源条件不错，能够吸引到客户，那么无妨先考虑合作经营或者场地提供商的方式，逐步引进和积累资源，不断学习，通过一定时间的努力发展成为自主经营方式。

4. 确定团队建设活动的运作策略、活动主题、目标

在市场分析和自身能力分析基础上，民宿主人可以选择恰当的经营方式，并设立民宿团队建设活动的主题和目标。由于团队活动是一个团队行为建构过程，往往围绕某一个专业的主题和活动展开，如足球、篮球等团体型的体育活动，机构的团队拓展训练等，这些都需要民宿主人有一定的专业知识，或者雇请具有专业知识的人作为团队建设活动的负责人。

并不具备现实基础条件的民宿，可以先承办一些机构的小型年会和团体外出活动，围绕机构的活动主题，提供住宿、会议场所、特色趣味活动、特色餐饮、休闲观光等整体的配套服务，成为团队建设活动业务的承接商和活动基地，逐步积累资源，扩大影响，并从承接的活动中筛选，找到固定的合作对象，再向合作经营和自主经营的方向转变。

具备条件的民宿主人，可以根据实际情况设定自己的民宿团队建设主题和目标。在设定主题时，必须要十分清楚自己所服务的是哪一类客户。例如，对于企业的户外拓展训练，需要民宿主人主要在团队沟通与协作、团队凝聚力等方面进行活动设计，要求具有较高的专业性。而如果是机构组织的年会、工会活动等，则可以更多地强调娱乐性、趣味性。如果是针对一些特殊的群体，如中小学夏令营、慈善活动的基地等，则需要针对这些客户需求进行专门的设计。

5. 制定活动的方案和活动规程

团队建设活动的主题和目标确立后，就要把活动的具体内容落实到活动方案、活动流程、活动的规范制度层面，最终要形成指导手册和行动须知。这项工作是为了让活动组织者和参与者都清楚这项活动的主题和目标，以及每个参与其中的人要完成什么任务。对于民宿主人来说，还要根据活动的设计，确定团队建设活动的规模、选定活动的场地和配置团队建设活动的器材，以及做好后勤服务工作方案。

6. 控制团队建设活动的执行过程

在整个团队建设活动的执行过程中，民宿主人担任总协调人、后勤保障人等多重角色。除了在活动指导手册上要有活动成员、各类服务提供者的联络方式之外，民宿主人应全程参与关注活动进展，及时沟通和联络各个方面的信息，以确保信息通畅，并做好餐饮、住宿、医疗、交通、应急计划等各种后勤

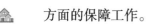

方面的保障工作。

7. 配合其他类型民宿特色活动

在主题团队建设活动之余,民宿主人也可提供很多的增值服务。例如配合主题团队建设活动,提供一些轻松、趣味的民宿特色活动,诸如旅拍、采摘、篝火晚会、野炊、趣味运动项目等,以丰富团队的活动。

8. 积极地反馈与提高

对团队建设活动应进行及时反馈,并持续地跟踪。不但每次活动需要进行总结,而且对每个机构客户应当建立客户档案,进行持续跟踪,做好客户维护。因为机构客户的圈子可以传递民宿的口碑,为民宿持续不断地带来新客户,所以这项工作应是民宿主人一项重要的日常工作。

三 团队建设成功的关键

1. 商业模式清晰

民宿主人一定要非常清楚自己的优势和对市场的把握,选择适合自己目前条件的商业模式,并且能够清楚团队建设活动的服务对象和目标客户是哪些。围绕这些目标客户精耕细作,才能逐步积累自己的客户资源和竞争实力。

2. 高效的执行力

团队建设活动的目标是否能实现，关键在组织活动者的执行力如何，看执行者能否将方案和计划一丝不苟地落实到位，并能够在活动中随机应变地应对各种突发情况。

3. 团队的参与和投入

团队建设活动必须要调动团队成员全身心投入，才能达成团队建设效果。这就要求民宿主人与合作方、机构方能够通力合作，利用民宿优势，调动所有资源，促使团队成员破除心理和人际障碍，主动积极地投入活动中来。对民宿主人来说，不但要提高自己的专业能力，加强自身在活动中的引导和激励效果，而且要充分利用民宿环境和民宿其他的特色活动活跃气氛，调动成员参与的积极性。

4. 团队建设活动的趣味性

民宿的团队建设活动不同于公司内部正式的培训课堂，不是机构组织的正式业务活动，而是要创建轻松愉快的场景，让

成员能够建立一种和谐关系、协作精神，并发现自己的潜质。因此，要调动成员积极性，活动必须有较高的趣味性，是寓教于乐的。民宿主人在活动设计时，应当从主题、内容、环节、流程等方面充分考虑到这一点，在每个环节都要思考和反问这里有没有趣，好不好玩，大家会有什么样的感觉和体会，在这个有趣的环节中可以再嵌入什么样的知识点和技能训练等。

第四节　上海青少年农村实践课案例

近两年随着休闲农业、乡村民宿旅游热火朝天地兴起，都市学校或教育机构也开始纷纷涉足乡村、开展学农实践教育。而所谓学农教育，无非是"采樱桃""挖红薯""玩泥巴""拾贝壳""钓钓鱼"等等类似的标准套餐，真正做得好的、能够达到"寓乐于教""寓教于乐"效果的不多。如何依托乡村民宿、庄园来开展针对中小学生的团队建设活动，寓教于乐地完成知识教育和自然发现，上海市学生农村社会实践教育基地与民宿、休闲农庄结合，开展了一些有意义的探索，发现：原来，学农还有这么多文化、教育、艺术的附加意义！

（一）养蚕课

现在校园外的自然教育资源并不丰富，太多的孩子被电子产品绑架。养蚕活动可以让孩子对生命的意义有所理解。但是，现在学生普遍在家养蚕，孩子只是把蚕当做自己的宠物，高兴的时候喂喂食，大部分时间都搁置在一旁，由家长帮忙打理。这样的养蚕过程并不能达到让学生接触自然、了解生命的意义的目标。其实，养蚕是一门大学问，不仅可以让孩子了解生命的意义，还能融入中国的传统文化。如何让孩子走进蚕的世界，真正体验生命的蜕变过程，感受生命的意义？如何进一步了解蚕在中国传统文化中的地位与象征意义？这正是民宿可以提供的特色团队项目。民宿依托自己的乡村农业资源，完全自主设计、搭建了养蚕室，为蚕生长的每个阶段都搭建适宜温度、湿度的生存环境，且中间连接着铺满桑叶的通道。一家民宿主人通过设计一个"方圆模型"划分出 7 大区域，分别为卵区、幼虫区、成虫区、熟虫区、茧区、蛹区和蛾区。根据蚕的蜕变过程，又将其定义为孕育区、成长区、智慧区、热情区、拼搏区、坚持区、收获区，全景呈现一个完整的生命蜕变过程。现场演示人工抽丝和机器抽丝工艺全过程，教授抽丝技巧和方法，为中小学生提供亲手"来抽丝"的体验活动；展示茧－丝－绸－衣服－纺织业的形成过程，让中小学生体验行业文化和丝绸文化。

同时，可以建立丝绸文化展示活动室，融入"桑、蚕、茧、丝、绸"等各个元素开展主题文化展示，并结合展示的内容设立互动活动区，进行知识竞答、分享体会等趣味活动，让孩子进一步感受生命创造的奇迹，激发学生对历史的思考和情感。

（二）包馄饨、打水、烧灶头

久违的农家灶台、质朴的石桌石凳和低矮的原木栅栏，无不透着农家生活的恬淡。吃过桃子，基地老师介绍了有关馄饨的由来和传说，还教了大家四种馄饨的包法——上海大馄饨、四川抄手、莲花馄饨和温州馄饨。随后，大家各司其职，有的包馄饨，有的打水，有的烧灶头……不一会儿，热腾腾的馄饨就上了桌。虽然有的馄饨漏了馅儿，有的成了片儿汤，孩子们仍然体会到了"自己动手，丰衣足食"的乐趣。

（三）植物认知

农业实践不仅仅只是体验，更是让孩子在游戏中掌握自然规律。基地设置植物认知活动，先由老师在园区里选取 50 种植物配上二维码，让孩子们手持平板电脑，按照任务单的要求认识不同植物，了解它们的名字、习性等，并采集各种形状的叶

子。收集成功后，再利用树叶拼接粘画，开拓孩子们的想象力。有的同学用两头蒹形的橘子叶子做成天鹅，桂树、雪松、香樟树的叶子在孩子们的手中都变成了美丽的画作，非常惊艳。

（四）钓龙虾

在钓龙虾的时候，老师先给孩子们讲解了龙虾的生活习性：要寻找池水较浅的区域下饵，龙虾和鱼不同，不能悬浮在水中，贴着池塘的边或者落地龙虾才会吃到。且多关注石头、草较多的地方，这里为龙虾提供躲避的地方。孩子们都是第一次钓龙虾，短短几十分钟时间，每个人都有所收获。许多孩子开心地说："因为掌握了知识和规律，才能找到龙虾！"夏令营过后，许多孩子发生了变化——更愿意主动与他人交流了。参与夏令营的孩子从小学一年级到初二都有，年龄跨度很大。按照要求，不同年龄的7个孩子被分在一组，与一位指导老师同住在一间宿舍。夏令营的活动也基本都需要团队协作完成，在短时间内促进了孩子间的交流。孩子们学会了分享、迁就别人，在讨论活动方案的时候倾听别人的意见、替他人考虑。结营仪式的时候，孩子们已经非常融洽地"打成一片"，分别时恋恋不舍。

（五）种彩色水稻课

在纸上作画、在墙上作画，你能想象在稻田里作画吗？用画笔作画、用手指作画，你能想象用稻谷做画笔吗？在 omgarden 上海金山农民画"蚯蚓陆"乡村艺术庄园里，上海非物质文化遗产金山农民画传承人、画家陆永忠做了一项创新——用翻斗、铁锹和水稻在大地上"画"了一幅近 5000 平方米的水彩稻农民画《巨龙舞梦》。

这幅画不仅有艺术价值，更重要的是发挥了教育、文化的功能。紧接着，在《巨龙舞梦》画作基础上，项目创意总监、庄园主管刘剑锋策划"光脚夏令营"，庄园邀请城市中的家长和孩子们以认购方式，到农田里来体验乡村生活。

近千户上海家庭的父母带着孩子来到金山，参与种画、在水彩稻田中游画、在稻田中光脚画画，体验艺术和农业结合、水彩稻和金山农民画的结合。"每个家庭认购一平方米，由专业老师指导将不同颜色的水稻种植在画作里。龙头是红色，龙身是金色，黄色的翔云，还有黄蓝红相间的舞龙者。"刘剑锋解释说。

　　所有人都光着脚，先到画田里寻找农业工具，寻找画作中的龙头、龙身等，此为"游画"；再到旁边的育秧田中，孩子们坐在田地里，脚放在泥水里作画；最后，家长和孩子们还会一起用水稻插秧作画、用农田里获得的农作物制作食物等，此为光脚"种画"。

"与70后家庭相比，这代家庭身上没有了以往的斤斤计较，能用完全开放的心态对待生活，用更为先进的教育理念培养孩子。"参与夏令营的家庭中，多为7岁左右的孩子与35岁上下的家长。他们注重培养孩子的独立性，孩子摔倒了没有人去扶起来，孩子们都是"在哪里跌倒，从哪里爬起来"。在水稻田里，甚至很多孩子指导家长如何走出来。

（六）种子课

农业最原始的作物是种子，青少年也是"种子"的象征。当青少年"种子"在农场旅行时遇见作物"种子"，会讲述怎样一个特别的故事？在小路自然教育工作室开展的"种子去旅行"活动中，青少年将以闯关的方式依次通过种子去哪儿、种子成长营和种子有氧行动三关。每一个活动环节都是自然教育理念、农业基本知识与农耕体验的结合。

工作室创始人余海琼介绍说，这是一个长期活动，不仅让中小学生对现代农业有初步了解，启发他们与土地产生联结、亲近农田，还能唤起孩子对自然的热爱。更长远的来看，帮助中小学与定点的农场建立1+1模式，培养一批当地的自然农耕体验活动的讲解员，从而为更多的中小学生提供创造亲近自然、

体验现代农业的机会。

1. 认识种子和它们的邻居

每个参与活动的学生，在出发前都会收到一份"种子计划"邀请函，随邀请函附带一颗在他们将要去的农场能够发现的种子。其中还有一张种子旅行的地图，在半日农耕体验活动中，孩子需要完成七个不同的任务才能够获得七颗不同的种子。

其实，寻找种子的过程，就是认识不同作物的过程。通过种子这种目标作物，还能认识它身边的"邻居"。

2. 制作"种子有氧地图"

寻找种子的升级版，则是制作"种子有氧地图"。由来自当地的居民和中小学的学生、老师、自然教育爱好者、环保志士共同协作完成，在绘制农场、农村的绿地图的过程中，共同创造出一份代表当地真实生活与生态图景。每张绿地图上面都会

使用统一的图示，标注出包括自然环境、动植物分布、基础建设、文化景观、生态资源、环境资讯、交通步道甚至污染情况等十几类超过 100 种地区信息。

通过绘制农场/乡村绿地图的方式，中小学生会考察当地的自然环境，与当地的农民产生联结，并且能够把收集到的资料整理出来以绿地图的方式呈现。该计划既能展示和传播相关农业知识，又能培养和锻炼参与者的观察能力。

第七章

民宿成本收益基本知识

第一节　成本

按照国家颁布的行业"民宿标准"文件，民宿并不是一个非营利性的情怀作品，国家俨然已经将其当做一种可以撬动地方经济发展的特色产业门类。这就对民宿在不同商业场景中的应用提出了更高要求。因此，盈利是民宿经营的基本目的，民宿经营者或民宿主及其经营管理人员需要了解民宿的成本收益与利润等相互之间的关系。

民宿在经营时，都会产生相应的成本。由于民宿在本质上也是一家企业，我们从企业的目标开始可以想象，开办民宿，也许是经营者出于对民宿事业的热爱，即常说的，开民宿是情怀的驱使。但是，更有可能的是，开办民宿就是为了获取经济收入。关于这一点，就是经济学家通常假设的那样，民宿的目标是利润最大化。这个假设在大多数情况下能很好地发挥作用。

一　认识成本

关于成本、收益与利润之间的关系，教科书有许多论述，我们这里仅做一个简要的说明，欲了解进一步的知识，可以参考专业教材。我们在此约定如下概念。

1. 什么是成本

成本是所有流出民宿的货币总和。一般而言，成本又可以归纳为两大类，即固定成本和变动成本。

2. 什么是收入

总收入是所有流入民宿的货币总和。

3. 什么是利润

利润就等于总收入减总成本。

4. 什么是固定成本

固定成本是指在一定范围内不随产品产量或商品流转量变动的那部分成本。有两个基本特点。

（1）固定成本大部分是间接成本，如企业管理人员的薪金和保险费、固定资产的折旧和维护费、办公费等。当产品产量或商品流转量的变动超过一定范围时，固定费用就会有所增减。所以，固定成本是一个相对固定的概念，我们称之为"相对固定成本"。

（2）固定成本是不管生产不生产都会发生的成本，比如折旧。

对民宿经营而言，所谓固定成本是指成本不会随着入住的客人人数变动而变动的成本。比如，如果民宿是经营者租赁民房改造而成的，则房子的租金是一个固定数目。同样，如果民宿主还需要聘用员工，则支付员工的工资在一个时期内通常也是固定成本。

5. 什么是变动成本

变动成本与固定成本相反，是指那些成本的总发生额在相关范围内，随着业务量的变动而呈线性变动的部分。比如直接材料是典型的变动成本，在一定期间内它们的发生总额随着业务量的增减而成正比例变动，但单位产品的耗费则保持不变。

对民宿而言，可变成本随着入住人数的变动而变动。

二　民宿成本种类

民宿成本的种类比较复杂，根据我国已有民宿成本的结构可以区分为：房租、装修费、人工费、日常耗费和维修费。

1. 房租

房租是指房屋租赁人付给房屋户主的房屋租金，通俗意义上讲，也就是租住房屋需要付出的钱。需要指出的是，自有住房改建的民宿没有这一项，但是也包含类似的隐性成本。

2. 装修成本

装修费是指在一定区域和范围内进行的包括水电施工、墙体、地板、天花板、景观等工程作业所付出的货币总量。

3. 人工成本

人工费是指民宿在一定时期内，在生产、经营和提供劳务活动中因使用劳动力而支付的所有直接费用和间接费用的总和。

按照我国劳动部颁发的〔1997〕261 号文件规定，人工成本范围包括：职工工资总额、社会保险费用、职工福利费用、职工教育经费、劳动保护费用、职工住房费用和其他人工成本支出。其中，职工工资总额是人工成本的主要组成部分。

4. 日常损耗

日常损耗就是民宿在日常经营过程中产生支出的部分。比如洗发水、沐浴露，一次性牙刷、牙膏，一些比较高档的民宿可能还会提供香粉、香水、香薰等，还包括日常布件的送洗费，所有这些称为日常损耗。

5. 维修成本

维修成本是指民宿日常设备硬件的维护，比如电器、家具、厨具等的维护和保养所支出的费用。

三　成本管理

成本管理是提高民宿经营绩效的重要方面，通常要考虑民宿的目标定位、预算、价格体系等要素。

1. 目标定位

在决定开办民宿之前，首先要做好客户群定位，比如接待什么样的人群、盈利模式、运行模式怎样。

2. 成本预算

民宿筹备时，要做成本预算。通过细致化未来经营中涉及的所有成本，能比较清楚地知道民宿经营的支出要花在哪里，形成一张预算表。然后把成本预算表里数额较大的项目都重新圈出来，单独列出再做一个单独的成本核算。从中可以重点关注较大支出的变化状态，抓住成本的"牛鼻子"。

3. 价格体系

关于民宿经营，实践中有一个经验公式：

$$客房数量 \times 客房最低单价 \times 全年 280 天 \times 0.7 = 全年房租 + 全年人工支出 +$$
$$全年损耗支出 + 全年水电 + 装修费（每年均摊）$$

该经验公式可以简单测算民宿的最低房价。其中，280 天是通过统计数据得出的一般结论，原因在于，民宿每年会有 90 天左右能保证客满，此时房价通常不会低。而淡季的 280 天，是民宿经营者必须筹划的重点，以此形成自己的价格体系。当然，在一定价格基础上提高入住率是最为主要的，后面我们将与沉没成本概念一起，讨论民宿的价格问题。

4. 注意事项

民宿要较好实施全面成本管理，应该注意以下几点。

（1）成本筹划。成本是民宿经营成败与否的关键因素，所谓成本筹划是指在进行市场调研的同时，要根据目标消费者的消费习惯和消费要求来确定民宿的成本支出，并能够在此基础上推导出符合消费者消费理念的产品。这里产品范围比较广，可以是餐饮，也可以是特色活动。

（2）管理设计。所谓管理设计就是民宿在管理方面要做好科学设计。管理科学有普遍的实用性，企业管理的原理与方法可以为民宿经营提供养料。通过科学管理方法降低民宿管理成本，明确管理目标，设计符合民宿特殊性的合理组织架构。从民宿经营实践看，民宿大都不需要复杂的管理架构，管理层次可以少一些，员工精干。同时，应该充分吸收现代信息技术，采用信息化手段，减少民宿管理成本。本书有专门的章节介绍适合民宿经营与管理的数字化系统平台，以提高管理效率。

（3）标准化。所谓标准化是指民宿尽可能提供标准化的产品和服务。值得指出是，学术界将民宿业描述为非标行业，这是一个误解，对民宿业的发展极为不利。从产业发展的路径分析，民宿行业必须采用标准化和现代化的管理方法。国家颁布的民宿标准和规范，就是为民宿能健康发展提供的一个好法规，通过规范和标准促进民宿的健康有序发展。

（4）成本控制。所谓成本控制是指按成本费用和预算，实施全成本管理。通过预算、核算、监督、分析等程序，最大限度地减少民宿的经营成本。

第二节　收入

一　认识收入

总收入：民宿从提供服务产品（房间，餐饮，土特产等等）所能得到的货币量，称为总收益或叫总收入。

$$收入 = 主营业务收入 + 其他业务收入 + 营业外收入$$

二　收入种类

从某种意义上说，民宿的收入是其盈利模式的结果。从大多数在运行的民宿实际情况分析，通常民宿有四类收入，即房费、餐饮、土特产和其他收入。

（一）房费收入

房费是游客支付的每间房间的住宿费，是民宿最为直接的收入，又称一次消费。如果客人是由其他电商平台（如OTA平台）介绍而来，则民宿还要支付平台约定的服务费。由于民宿有明显季节性、周期差别，即淡季与旺季、周末与非周末的差别，通常房费是弹性设计的。

由于民宿房间数量是固定的，房间对应的需求在周期性的淡旺季影响下也受到限制，所以房费收入有上限，俗称"房费天花板"。

（二）餐饮收入

民宿通过提供餐饮及其服务所产生的收入，是客人的二次消费。餐饮的定价是影响餐饮收入的重要因素。民宿往往不同于酒店的餐饮，也许有的民宿没有菜单，但主人能备上一顿富有当地风味的农家菜，也是民宿吸引客人的一道风景。

（三）土特产品销售收入

民宿销售当地或自家种植的特产而形成的收入，是民宿具有成长性的延伸收入。有的民宿主在日趋成熟的乡村旅游产业中看到了商机，他们在自家民宿开起了土特产店，专卖野生蜂蜜、山兰米、牛大力等土特产，是民宿收入的一个很有潜力的来源。

（四）其他收入

民宿还可以发挥假日经济的促进因素，通过策划养生、特色活动（如举办户外夏令营、远足、生态体验等各项针对学生人群的培训、体验活动）等农村体验活动项目而获得收入，使民宿的经济收入来源更加多样。这些活动所产生的收入弹性稍大，如运作得当，收入增长会很大。

三 关于收入与成本属性的关系

我们在讨论民宿经营的过程中，了解到民宿有淡季、旺季和节假日等不同的情况。如何采取有针对性的经营方式，在淡季是营业还是歇业，是民宿经营者要思考的问题。其中，对成本属性的认识是关键。

（一）营业、歇业与变动成本

我们通过一个例子来说明这个问题。设想你走进一家餐馆去吃午饭，发现里面几乎没有人，你会问，餐馆为什么还要开门呢？因为寥寥几个顾客的收入，不可能弥补餐馆的经营成本。对老板而言，营业还是歇业决策的关键，是区分成本属性。

对餐馆来说，有许多成本。租金、厨房设备、桌子、盘子、餐具等等这些成本都是固定的，如果在午餐时停止营业，这些成本并不能有所减少。老板决定是否提供午餐，所要考虑的只有可变成本。

这里的可变成本就是提供午餐要增加的食物、水电费和额外要聘请员工的工资，这些都与提供午餐相关。老板考虑的是，只有餐馆提供了午餐，从顾客得到的收入，少到不能弥补餐馆的可变成本时，才选择午间歇业。

夏季度假区的小型高尔夫球场的经营者，也同样面临类似的决策。由于不同的季节收入变动很大，企业必须决定什么时候开门和什么时候关门，固定成本中购买土地和建造球场的费用与开门与否无关。只要在一年的淡季时间里，收入大于可变成本，小型高尔夫球场就要开业经营。

（二）沉没成本

沉没成本是指要素一旦完成配置，无法由现在或将来的任何决策所能改变的成本。经济学家说，当成本已经发生而且无法收回时，这种成本称为沉没成本。

一般而言，成本沉没了，它就不再是机会成本了。因为，沉没成本对你现在的经营不发挥作用了。例如，因失误造成的不可收回的投资。

沉没成本是一种历史成本，对现有决策而言是不可控成本，它的最大特点就是不会影响当前行为或未来决策。因此，沉没成本是决策非相关成本，在决策时无须考虑。即当你做出包括经营战略在内的各种社会生活决策时，可以不考虑沉没成本。

（三）航空公司案例

我们这里有一个比较典型的例子，可以分析说明美国航空公司是如何决策的。在 20 世纪 80 年代初，美国许多航空公司有大量亏损，比如 1992 年，美洲航空公司报告的亏损为 4.75 亿美元，三角航空公司亏损了 5.65 亿美元，美国航空公司亏损 6.01 亿美元。但是我们观察到一个有意思的现象：尽管有亏损，这些航空公司却继续出售机票并运送乘客。粗一看，这种决策似乎让人惊讶，如果航空公司飞机飞行要亏损，为什么航空公司老板不干脆停止他们的经营呢？为了理解这种决策行为，引进沉没成本是我们理解问题的钥匙。因为航空公司的许多成本在短期中是沉没成本，比如一家航空公司买了一架飞机，而且不能转卖，那么飞机的成本就沉没了，飞机的机会成本只包括燃料的成本和机务人员的工资，只要飞行的总收益大于这些可变成本，航空公司就应该继续经营，而且事实上他们也是这样做的。

（四）对民宿经营者的启示

对民宿经营者而言，他们同样面临相同的决策问题，即是歇业还是营业。由于民宿必须面对淡季和旺季的变化，在淡季的时候，如何接受较低的房价。如果这时民宿主考虑沉没成本，那么，某种程度上的最低价是可以接受的。

实践中，一些较具有规模的民宿，他们雇了固定的工作人员，配备了齐全的设施，在短期内这些支出是不能够收回成本的，因此，就变成了沉没成本。如果此时来入住民宿的游客的消费能够大于民宿每天的可变成本的话，也就是说，大于因客

人入住而产生的水电及其他消耗支出的时候，民宿主就应该接受这样的顾客。

因此，我们也观察到在实际中，有的民宿主甚至可提供免费房价，只要客人在民宿有相关其他消费，其原因就在于此。

第三节　税负与折旧

一　税负

民宿具有企业性质，有些民宿就领有工商营业执照。根据我国的法律规定，民宿需要缴纳税款。

1. 什么是税负

简单地说，税负就是税收造成的负担，税负率是指企业在一定时期内（一般一年）已交税金占销售收入的百分比，但是由于各个企业的具体情况不同，税负率也有所差异。

如果是小规模纳税人，一般就是指税率的 4%（商业）或 6%（工业）；

如果是一般纳税人，因为有抵扣，所以税率不固定，但在行业间会有一个平均数，税务机关也是依此评估纳税人的。也就是通常所说的税负率。通常民宿经营为小规模纳税人。

2. 税负率计算公式

$$税负率 = 应缴税金/销售收入 \times 100\%$$

营改增之后，民宿经营者往往按照增值税小规模纳税人 3% 的征收率征收税款。

营改增全面推开以后，我国国税部门沿用地税机关的定额方式，按照增值税小规模纳税人 3% 的征收率征收税款。从 5% 的营业税到 3% 的增值税，从全额征税的价内税到扣除 3% 的价外税，据测算，减税幅度将达 42% 之多。其中 2017 年小规模纳税起征点为不含税价。

3. 最新政策

《财政部国家税务总局关于进一步支持小微企业增值税和营业税政策的通知》（财税〔2014〕71 号）要求：增值税小规模纳税人和营业税纳税人，月销售额或营业额不超过 3 万元（含 3 万元，下同）的，按照上述文件规定免征增值税或营业税。其中，以 1 个季度为纳税期限的增值税小规模纳税人和营业税纳税人，季度销售额或营业额不超过 9 万元的，按照上述文件规定免征增值税或营业税。

二　折旧

指一定时期内为弥补固定资产损耗按照规定的固定资产折旧率提取的固定资产折旧，或按国民经济核算统一规定的折旧率虚拟计算的固定资产折旧。它反映了固定资产在当期生产中的转移价值。各类企业的固定资产折旧是指实际计提的折旧费。

（一）折旧的几个概念

（1）年折旧率 =（1 - 预计净残值率）/ 预计使用年限 × 100%

（2）月折旧率 = 年折旧率 ÷ 12

（3）月折旧额 = 固定资产原价 × 月折旧率

上述计算的折旧率是按个别固定资产单独计算的，称为个别折旧率，即某项固定资产在一定期间的折旧额与该固定资产原价的比率。通常，企业按分类折旧来计算折旧率，计算公式如下：

某类固定资产年折旧额 =（某类固定资产原值 - 预计残值 + 清理费用）/ 该类固定资产的使用年限

某类固定资产月折旧额 = 某类固定资产年折旧额 /12

某类固定资产年折旧率 = 该类固定资产年折旧额 / 该类固定资产原价 × 100%

（二）计提折旧的固定资产

（1）房屋建筑物；

（2）在用的机器设备、仪器仪表、运输车辆、工具器具；

（3）季节性停用及修理停用的设备；

（4）以经营租赁方式租出的固定资产和以融资租赁方式租入的固定资产。

（三）不计提折旧的固定资产

（1）已提足折旧仍继续适用的固定资产；

（2）以前年度已经估价单独入账的土地；

（3）提前报废的固定资产；

（4）融资租出的固定资产。

（四）计提方法

民宿与其他企业一样，计提固定资产折旧的方法有多种，基本上可以分为两类，即直线法（包括直线法和工作量法）和加速折旧法（包括年数总和法与双倍余额递减法），企业应当根据固定资产所含经济利益预期实现方式选择不同的方法。企业折旧方法不同，计提折旧额相差很大。

企业应当按月计提固定资产折旧，当月增加的固定资产，当月不计提折旧，从下月起计提折旧；当月减少的固定资产，当月仍计提折旧，从下月起停止计提折旧。提足折旧后，不管能否继续使用，均不再提取折旧；提前报废的固定资产，也不再补提折旧。

（五）民宿物耗成本的合理控制

对于民宿经营，最大的折旧部分当属物资耗损，简称为物耗。物耗成本控制涉及范围较广，是成本控制中可控空间最大的一个。物耗涉及的范围包括客房耗品、餐饮材料、日常用品等。

物耗成本如果进行合理有效的控制，能够最大程度上提高利润空间。

当前民宿经营在物资管理上存在一些问题，主要有以下几种：

（1）采购制度不完善。由于民宿规模较小，没有建立起比较适合的采购制度；

（2）使用制度欠缺，使用方法不尽合理，浪费现象较为严重；

（3）缺少对物耗成本统计分析，对耗品价格及使用数量不敏感；

（4）缺乏必要的管理方法，缺乏有效的执行力；

（5）节约意识薄弱，缺乏节约理念宣传。

解决这些问题，民宿经营者可以在整体上形成一套采购、使用流程制度，加强耗品数据统计分析，提高人员节约意识。

第四节　民宿商业模式

民宿商业模式是一个很基础的问题，关系民宿是否长期健康稳定发展。商业模式一般包括：客户定义、盈利模式、关键资源整合模式、运营模式四个方面。本节主要讨论民宿商业模式设计以及互联网营销策略。

一　民宿商业模式设计

民宿商业模式选择需要从如下几个方面去考虑。

（一）价值主张

价值主张用来描绘为特定细分客户创造价值的系列产品和服务。这是建立商业模式的关键，也是民宿经营的核心要求。

从民宿的本质分析，"真""善""美"应该是所有民宿业主共有的价值理念。

（1）真。所谓真，就是返璞归真、回归自然、融入自然。

（2）善。所谓善，就是尊重自然、顺应自然、保护自然。

（3）美。所谓美，就是美景、美食、美情、美性。

民宿有"家外之家"的称呼，能满足客人向往绿色、健康、自然与富有诗情画意的生活，既能实现内外身心的平衡，涵养心灵，又能体验东方美学典雅。对民宿而言，价值主张并非虚无缥缈，需要借助关键资源和关键活动予以体现。

（二）关键资源

关键资源是盈利模式的核心。一般情况下，关键资源包括两大类，即自然资源和人文资源。

1. 自然资源

自然资源包括许多方面，或风光秀美，或物产独特，或气候宜人。民宿最初大多是围绕旅游目的地而发展起来的。从盈利模式的角度分析，人文资源构成民宿核心资源，是民宿的核心竞争力。民宿最初也是以家庭成员为主要运作单元，因此，民宿主人的人文情怀和人文素养不仅是民宿关键资源的核心要素，与此同时也是传递真善美核心价值主张的最好载体。民宿主人才是民宿的魂。主人的个人魅力决定了民宿的魅力，他们言谈举止间都能活灵活现地将自身修为呈现在客户眼前。

2. 客户细分

客户细分在于能精准确定目标客户圈层，这是民宿确定市场定位、服务品位、定价及销售策略的关键因素，也是民宿差异化竞争的依据。根据营销学理论，客户细分有两大原则，一是属地原则，即核心资源决定客户群体；二是吸附原则，即价值主张会聚集目标客户。

3. 圈层营销

由于民宿经营规模较小，其销售渠道有特殊性，从一般理论方法可知，"圈层营销"不失为一个有效方法。

"圈层营销"有三方面要义：一是品牌信息的有效传递和客户面的扩展；二是借助口碑使得品牌认知度更趋于一致；三是作为一种客户维系手段促进客户长期多次购买。因此，品牌和口碑是民宿最重要的渠道建设目标。

4. 客户关系

"家人"是民宿客户关系最好的诠释。住民宿，就是"回家了"，放松怡然，轻松自在。民宿与酒店本质区别在于民宿彰显的是"民"，而酒店表达的是"客"。民宿的主人，营造的是"宾至如归"的家园，蕴含一种精神境界，追求的是个体个性的和谐与自我。此外，民宿具有"民族"意味，民宿的一草一木饱含当地文化风土人情，有股淡淡的"乡愁"，"民"居于此的目的并非单纯为宿而宿，而是在"宿"的时光中，"民"可以尽情体验在现实生活中体验不到的精神境界。民宿"家"的情怀也将成为它持续竞争源泉。

5. 收入来源

民宿的收入来源主要是客房收入，我们在前面章节中已经介绍，民宿收入还有其他来源。民宿主人可以考虑依托周边旅游资源，提供具备当地特色的经营项目，与其他旅游产品形成较强的协同性和融合能力。在民宿自身的经营项目内延长产业链，拓展与人文旅游的相关功能，多产业联动构成民宿收入来源主要方面。因此，开发民宿自己的衍生产品，提供民宿特有的衍生服务是发展创新的有效着力点。

6. 关键业务

关键业务取决于客人对民宿的认知和基础需求，安全、卫生、环保就是盈利模式需要考虑的关键业务，这是民宿经营的"底线思维"。

除了住宿舒适性外，"知识趣味性""互动体验性""精神依托性"是设计关键业务重点考虑的方向。要设计好有特色的故事性和场景体验性产品，打造属于民宿自己的业务价值链，进行充分挖掘，使地有历史人文积淀，店有掌故渊源，人有年代情怀。

（三）"互联网＋民宿"营销策略

关于民宿利用互联网技术和手段，本书将有专门章节来介绍，本节主要就互联网营销的基本方法作一简介。

1. 扩大民宿网络宣传力度

民宿经营者或管家可以在知名网络社区的旅游版面发布民宿的宣传信息，或撰写图文并茂的风景区旅游攻略与游记，并在文中适当介绍民宿的亮点。民宿经营者还可以自行建立微信公众号、微博账号，通过微信、微博的传播，扩大宣传力度，为更多用户所熟知。

2. 扩展民宿与潜在客户互联网交流渠道

民宿经营者可以通过网站、微信、微博等方式，利用图片、文字和视频，对民宿内各房间情况如房间门市价、餐饮情况（如可提供特色菜肴更好）、民宿位置和周边环境等进行展示，使得潜在客户可以自行获取大部分所需信息。此外，还可以通过网络论坛与 Email 等离线方式，腾讯 QQ、微信群与 Skype（主要面向国外游客）等在线方式与客户进行无障碍沟通。

3. 利用互联网运营商搭建的民宿预订平台，或自行建设互联网预订管理平台

总体而言，民宿的房间数量有限，但预订信息较多，而且预订信息变更频繁，如客户因特殊原因修改住宿日期、取消订单等。民宿经营者可以利用已有的互联网平台，或自行开发建设具有后台数据库支持的网络预定管理平台，使民宿主人能随时了解房间的状态，有的民宿给游客提供 24 小时查询和预订服务。

一般来说，民宿互联网营销平台包括如下内容和功能模块：民宿宣传信息（民宿外观、周边环境、不同房间信息、特色餐饮等服务）、房间预订模块、在线交流模块、接站预约模块、意见反馈模块、游客交流论坛等。

4. 组织"民宿联盟"

根据行业发展规律，民宿可以联合筹划类似"民宿联盟"

的行业自律组织，由专业民宿或酒店经营团队管理，"民宿联盟"可以以统一的界面和服务面向客户，落实订单，再分流到具体的民宿。这种模式，可以给客户提供专业化的服务，并逐步淘汰违规经营的部分民宿或促使其整改，使协会内的民宿进一步规范化。

第八章

民宿餐饮菜单
定价与分析

第一节 以成本为基础进行定价

以成本为基础的定价方法是民宿餐饮菜单定价最基本的方法，在具体使用中又可分为以下四种方法。

一 原料成本系数定价法

原料成本系数定价法是指根据成本确定餐饮产品的销售价格。这种方法以经验为出发点，使用简单，但要避免过分依赖自己的经验，计划时一定要全面、充分并留有余地。

原料成本系数定价法首先要核算出每份菜品的原料成本，再算出成本率计算其售价。

售价 = 原料成本额 ÷ 成本率

原料成本系数定价法的计算公式也可以表示为：

售价 = 原料成本额 × 成本系数

成本系数是成本率的倒数。许多民宿因为乘法比除法容易而运用成本系数。例如，某餐厅按原料成本额的三倍给菜品定价，成本系数 3 意味成本率为 33%。

该定价方法需要两个关键数据，一是原料成本额，二是菜品的成本率，通过成本率马上可以算出成本系数。原料的成本额数据取自菜品的实际成本汇总，一般在标准食谱中就已经列出。

以一个菜品的价格核定为例。

例如，已知每份清炒肉丝成本为 4 元，计划菜品的成本率为 40%，其售价为多少？即 $4 \div 40\% = 10$（元）。

如果成本率定为 40%，那么利用成本系数的方法（$1 \div 40\% = 2.5$），也可以得出售价：$4 \times 2.5 = 10$（元）。

二 主要成本率定价法

考虑到人工费用在菜点的总费用中占较大的比例，而各种餐饮产品的加工复杂程度不同，因此，民宿在定价时以加工人工费用和原料成本为主要成本来计算价格。

人工费用一般以生产人工时间为基础计算，但为了方便使用，多数民宿餐饮将人工费用分为三档，即低、中、高档，分别以 $1 : 2 : 3$ 的比例计算，这样比较适用于大批量成批加工的产品。

例如，某餐厅提供 1500 份套餐，总的人工费用需要 2358.5 元，如果以低、中、高人工费分类，各自可以分为 380、835、285 份，设低档人工费用为 x，则低档、中档、高档人工费用菜品的人工费用分列如下：

$$380x + 2 \times (835x) + 3 \times (285x) = 2358.5 \text{（元）}$$

低档人工费用：$x = 0.81$（元）

中档人工费用：$2x = 1.62$（元）

高档人工费用：$3x = 2.43$（元）

在确定价格时，通过原料成本和人工费用相加，可以计算出主要的成本额，再确定主要成本占销售额的百分比就可以算出价格。

又例如，某餐厅厨房加工冷菜松花鸡腿原料成本为 6 元，该菜需要中档人工费用为 1.62 元，主要成本率为 60%，其价格为多少？

$$\begin{aligned} 价格 &= （原料成本 + 加工人费用） \div 主要成本率 \\ &= (6 + 1.62) \div 60\% = 12.7 \text{（元）} \end{aligned}$$

三　全部成本定价法

全部成本定价法是将每份菜品的全部成本除以一个百分比的利润率来计算价格。

$$价格=\frac{每份菜的原料成本+每份菜服务人工费+每份菜的人工费用+每份菜其他经营费用}{1-要求达到的利润率}$$

此种计算方法根据财务统计的以前经营数据或者预测值，可得到餐厅服务人员及餐厅其他经营总费用，将其除以菜品的销售份数得到每份菜的费用。

例如，某种菜的每份原料成本为 2.45 元，每份菜的加工人工费用为 1.62 元，服务人工费用总额为 1125 元，其他经营费用总额为 1738.75 元，菜品销售份数为 1500 份，计划本餐饮经营利润率为 15%，营业税为 5%，则该菜品其价格应为：

$$\frac{2.45+1.62+1125/1500+1738.75/1500}{1-15\%-5\%}=7.475（元）$$

全部成本定价法能够把各种费用都考虑到价格中，以保证民宿餐厅能够获得一定的利润。但该方法没有将由产量变化所引起的单位平均成本变化因素考虑进去。因为单位全部成本中，有一部分总额随销量不变的固定成本。随着销售数量的增加，单位固定成本下降并使单位成本整体下降。所以这种方法有其缺陷，由于菜品的实际销售份数是根据往年的销售数据测得的，如果下年度菜品实际销售份数减少较多，那么，用此法定价显然会容易出现亏损。

四　本、量、利综合分析定价法

本、量、利综合分析定价法是根据菜品的成本、销售情况和盈利能力等因素，经过综合分析后采用的一种分类加价的定价方法。此方法的基本步骤如下。

1. 将菜单上所有的菜品根据销量及其成本分类，每一菜品总能被列入下面四类中的一类。

（1）高销售量、高成本；

（2）高销售量、低成本；

（3）低销售量、高成本；

（4）低销售量、低成本。

2. 确定菜品的不同加价率。虽然（2）类菜品是最容易使民宿餐厅得益的，但在实际上，餐厅出售的菜品四类都有。这样，在考虑毛利的时候，把（1）（4）类的毛利定适中一些，而把（3）类加较高的毛利，（2）类加较低的毛利。

3. 计算菜肴食品成本率。其计算公式为：

菜肴食品成本率 = 1 -（营业费用率 + 菜肴加价率）

例如，某民宿餐厅在预算期内的营业费用率为48%，销售某菜肴的标准原料成本为6.28元，加价率为22%，该菜品的销售价格应为多少？

菜肴食品成本率 = 1 -（48% + 22%）= 30%

菜品价格 = 6.28 ÷ 30% = 21（元）

第二节 以竞争为中心进行定价

尽管民宿餐饮各有其特色，可以在某种程度上超越激烈竞争，但是，价格永远是硬道理。也就是说，餐饮价格是民宿增强市场吸引力，扩大民宿入住率的有效手段。以竞争为中心的定价方法密切注视和追随当地其他同行民宿餐饮的价格，以达到维持和扩大民宿自身影响力的目的。

一 随行就市法

随行就市法是一种最简单的方法，即把同行的菜单价格拿来使用。使用这种方法要注意以成功的菜单为依据，避免把别人不成功的定价拿来使用。这种定价方法有很多优点，如定价简单、容易被一部分顾客接受、方法稳妥风险小、易于与同行协调关系等。

二 竞争定价法

竞争定价法是以当地民宿同行竞争者的售价为定价的依据制定菜单价格。通常有两种定价的方法，即最高价格法和同质低价法。

（一）最高价格法

最高价格法是在民宿餐饮同行的竞争当中，对同类产品定价总是高出其他民宿餐饮的价格。该定价法要求民宿餐饮具有一定的实力，即尽可能地提供良好的餐厅环境氛围，提供一流的服务和一流的菜品，以质量取胜。

（二）同质低价法

同质低价法是指对同样质量的同类菜品和服务制定出低于其他民宿竞争者的价格。该方法一方面用低价争取其他民宿使用餐饮的客源，来扩大和占领市场。通常从民宿经营实践看，这一点在民宿主本意来说并不明显，因为乡里乡亲的关系，民宿可能不会光凭餐饮来获得住客的满意。另一方面从民宿获得经济利益的角度分析，加强成本控制，尽可能降低成本提高经营效率，实行某种程度上的薄利多销，既最大限度满足消费者需求，又使民宿有利可图。

第三节　考虑需求特征进行定价

在一般情况下，如果民宿在一定程度上已经形成了相当的市场规模，游客对民宿餐饮产品的需求量同定价的高低呈反方向变化，即价格高则需求量小，价格低则需求量大。

然而，民宿提供的餐饮类型与产品不同，餐饮具有的需求特征不相同。下面是不同需求特征的几种定价方法。

一　声誉定价法

声誉定价法是以注重社会地位、身份的目标客人的需求特征为基础。这类顾客要求民宿提供餐厅的环境好、档次高、服务质量好、菜品用名牌。比如，有一家民宿就是打出独家祖传菜为民宿的特色，人们入住民宿就是为了去品尝家传菜肴，因此，菜单的价格是反映菜品质量和个人地位的一种标志。针对这类服务，菜单价格可以定得高一些。这种方法在酒店和餐饮高档菜品中常用，而民宿则应该根据自己的特色来量身定制。

二　诱饵定价法

诱饵定价法是指民宿餐厅对一些对其他菜品能起连带需求作用的菜品和小吃，采用低价定价法来吸引顾客光顾，起到诱饵作用。

此法在民宿较少的地方一般不会采用，在莫干山、大理等民宿较为集中的地方是适用的。

三　需求—反向定价法

需求—反向定价法是指民宿餐厅对菜品定价时，需要做两个步骤，分别是调查顾客意愿和调整品类成本。

（一）调查顾客意愿

首先，调查顾客愿意接受的价格，采取顾客愿意支付的价格作为出发点。

（二）调整品类成本

然后，根据顾客愿意接受的价格反过来调节菜品的配料数量和品种，调节成本，使餐饮能够获利。

第四节　影响菜单定价的因素

民宿是经济生态中的一种形式，在市场经济条件下，为使民宿提供的餐饮使菜单在竞争之中立于不败之地，在制定价格时，要仔细研究影响定价的多方面因素。

在众多的因素中，成本和费用是最根本的因素。民宿确定餐饮价格时，不仅要确保餐饮能够保本并且能获得一定的利润，同时还要考虑顾客的需求状况、产品的竞争状况及对产品价格有影响的其他因素。

一　成本和费用因素

我们在上一章中介绍了成本、收益等的基本关系，了解到成本和费用是确定价格的重要因素。制定菜单价格的民宿主或管家要掌握菜品成本和费用的构成，密切注视影响成本费用变动的因素，以采取相应的价格措施及探索降低成本和费用的途径，使提供的餐饮菜单价格具有竞争力。

（一）菜品成本和费用构成

（1）菜品原料成本。这是民宿餐饮品价格的最主要组成之一，主要是指菜品的购进价，占价格的比例很大。一般档次越高的餐厅原材料成本率越低，通常也要超过售价的30%；低档次的餐厅原材料成本占售价比例更高，有的超过60%～70%。掌握餐饮品中原材料的成本及各类产品的成本应占售价比例的大小，是菜单定价最主要的基础之一。因此，民宿主通常采用自家的自留地种植农家菜，以降低成本。

（2）营业费用。民宿在菜单定价时需要考虑的第二项重大开支就是营业费用。营业费用是餐厅经营所需要的一切费用，它包括人工费、折旧费、水电燃料费、维修费、经营管理费等。

（二）影响成本费用变动的市场因素

在成本和费用中有很多因素是民宿主或管家无法控制的，原料成本和营业费用中大部分因素受物价指数和通货膨胀率变动的影响，当物价上涨时，各种菜品的原料价格、水电费、燃料费、经营用品、职工的工资都要提高。民宿主或管家要注意这些影响因素，摸清市场行情，并制定相应的价格政策和价格的变动来适应这些变化，使餐饮供应不受损失。

二　顾客因素

需要指出的是，仅考虑成本和费用因素的价格属于卖方价格，民宿制定的这种价格往往不一定能被顾客接受。因此，民宿提供餐饮的定价还要考虑入住顾客的因素。

（一）顾客对产品价值的评估

民宿餐饮品的成本和费用高并不说明顾客认可它的价格就应该高，餐饮价格也取决于顾客对民宿提供餐饮产品价值的评估。

根据调查和经验判断，民宿主或管家对顾客认为价值高的品类，价格可以定得高一些，反之，应定得低一些。一般来说，顾客根据以下几点评估民宿餐饮的价值。

（1）菜品的质量。指菜品的味、色、香、形等。一份精心制作的菜品，给客人在色、香、味、形上感觉较好，顾客认为价值高，愿意多花钱。民宿在餐饮上更加具有这种优势，因为，从大家对民宿的认可度中可以了解到，游客在某种程度上是来体验乡村特色餐饮的，尤其是绿色产品、散养的家禽、山林的菌菇等都是顾客认可的菜品质量要素。

（2）服务质量。对需要较复杂服务的菜品，顾客认为价值高，愿意付高一点的价格。此服务还包含了采购、加工的难度，比如，需要通过特殊的方法而获得的原材料等。

（3）环境和气氛。民宿设计的餐厅有特色，配备设施或古朴，或典雅，菜品被认为价值高，价格可定得高一些。

（4）餐厅地理位置。餐厅位于优越的地点，与山林、河流、风景相呼应，如此就餐位置，其产品被认为价值高，一般价格相应也高一些。

（二）考虑顾客对产品的支付能力

不同类别的顾客对菜品的支付能力不同。民宿主或管家要研究不同目标顾客群体对产品的支付能力，如收入高、经济条件好的顾客支付能力强，而经济条件差的支付能力差，管家就应制定相应的价格政策来适应顾客的支付能力。通常而言，精品民宿的入住者相对收入要高一些，餐饮价格相应也可以定得高一些。

（三）其他顾客因素

还有许多其他顾客因素影响顾客对价格的承受程度和要求。例如，入住民宿几天来，游客光顾餐厅频率、结账方式等。总之，民宿主要研究各种顾客因素对价格的影响，以采取相应的价格对策。

三　竞争因素

民宿餐饮业的市场竞争还是比较激烈的，而价格往往是影响竞争能力的重要因素。认真地研究菜单的竞争状况和相对的竞争地位，采取相应的价格政策，才能使民宿餐厅的菜品在竞争中能生存下去并战胜竞争者。

（一）研究菜品的竞争形势

管家要分析本民宿餐厅菜品所处的竞争形势。通常而言，当地民宿竞争程度越激烈，价格的需求弹性越大，只要价格稍有变动，需求量就变化很大。若处于十分激烈的竞争形势下，有时民宿餐饮只能接受市场的价格。以前农家乐在同一个市场上提供餐饮，大多是市场价格的接受者。

（二）分析竞争者对本餐厅价格政策的反应

在制定价格政策、调整价格以前要分析竞争者对本民宿菜单价格的反应。如果民宿为增加销售数量而拟降低菜品价格的

话，先要研究和关注竞争者采取什么应对措施，分析他们是否也会降价而引起价格战。一般情况下，民宿提供的餐饮不会按此路径进行价格战，因为民宿提供的餐饮可以结合自己的特色来安排菜品，从而形成差异化的竞争。

当然，民宿作为市场竞争的主体之一，就要接受市场竞争的考验。了解餐饮行业在市场竞争中的经验，对民宿的经营是有益的。比如，如果原料进价上涨，民宿拟对菜单价格作一大调整的话，通常要分析其他民宿主可能会采取什么措施。如果他们按原价不变，对本店销售量会有什么影响。因此，与餐饮企业一样，民宿提供的餐饮品的竞争状况是影响价格制定的重要因素。

第五节　菜单定价的策略

一　以成本为中心的定价策略

大多数民宿餐饮可以根据成本确定食品、饮料等销售价格，这种以成本为中心的定价策略常使用两种方法。

（一）成本浮动比法

成本浮动比法是在成本的基础上加上一定的百分比定价，不同民宿餐饮采用不同的百分比。这种方法是最为简单的方法。

（二）目标收益率法

目标收益率定价法，即先根据民宿对餐饮制定的目标利润率计算出目标利润，只要达到预计的销售量时就能实现预定的收益目标。

二　以需求为中心的定价策略

以需求为中心的定价策略是根据消费者对餐饮产品价值的认知程度和需求程度来决定价格的一种策略，主要有两种方法。

（一）理解价值定价法

理解价值定价法即民宿餐饮通过所提供餐饮产品的质量、服务质量、广告宣传等非价格因素，使客人对民宿餐饮品形成

相应的认同感，然后再根据这种观念制定相应的价格。

（二）根据不同的需求定价

民宿餐饮按照不同的市场定位、不同的消费群体区别定价，首先必须取得消费者的信任，但不容易掌握。以需求为中心的定价策略是根据市场需求来制定价格，如果说以成本为中心是制定最低价格，而以需求为中心定价则是制定最高价格。

在实际操作中，根据市场的情况可以采取以高质量、高价格为主的高价策略。也可以采取薄利多销的方法，以增加市场占有率为目的，采取低价的策略。当然这些策略不是随意使用的，必须通过严格的市场调查，根据市场的实际需求决定。

三　以竞争为中心的定价策略

以竞争为中心的定价策略是以竞争者的价格为定价依据，在经过缜密的市场调查的情况下定价。

以竞争价格为中心的定价策略要按照同行价格决定本民宿餐饮的价格，在定价时由于不以成本为出发点，也不考虑消费者的意见，所以这种方法常常在特殊的情况下使用。要充分分析竞争对手的实力与自身的实力，否则可能会造成不必要的损失。需要指出的是，这种在一般餐饮企业使用的方法，在民宿餐饮中较少应用，原因是民宿餐饮的差异化。

第九章

民宿营销与
新媒体介绍

在第七章中，我们简要介绍了民宿互联网平台的营销功能，一般而言，民宿互联网营销平台包括如下内容和功能模块：民宿宣传信息（民宿外观、周边环境、不同房间信息、特色餐饮等服务等）、房间预订模块、在线交流模块、接站预约模块、意见反馈模块、游客交流论坛等。

本章首先介绍移动互联网平台技术的基本概况，使民宿经营者有一个较为完整的概念，最后重点介绍宝珑科技开发的宿宿网平台功能，以便于民宿经营者更好地使用最新移动互联网技术。

第一节　民宿移动互联网平台介绍

现阶段，以移动"互联网＋平台"方式切入中国民宿市场的主要有以下几类。

一　在线民宿预订

1. 传统酒店预订 OTA 平台

传统酒店预订平台的英文简称是 OTA（Online Travel Agent），是指在线旅行社，为旅游电子商务行业的专业词语。代表为：携程网、去哪儿网、同程网、村游网、驴妈妈旅游网、乐途旅游网、欣欣旅游网、芒果网、艺龙网、搜旅网、途牛旅游网和易游天下、快乐 e 行旅行网、驼羊旅游网等。OTA 的出现将原来传统的旅行社销售模式放到网络平台上，更广泛地传递了线路信息，互动式的交流更方便了客人的咨询和订购。

携程	去哪儿？	艺龙

（1）优势

这些网络平台的自然访问流量大，民宿的散客主要来源于线上。从某种程度上降低了民宿的营销成本。

（2）劣势

民宿的价格与流量也会被绑架，加上有优势的平台制定了一些强势的排他性协议，使民宿无法与其他平台合作。

2. 城市公寓民宿平台

所谓城市公寓民宿平台，主要是指这些平台的房源来自于城市，以短租的方式提供服务。典型代表有爱彼迎、途家、小猪短租等。当然，这种划分只是为说明现在市场上的一些特征，随着平台经营方针的调整，也在发生实际的变化。

爱彼迎	途家	小猪短租

（1）优势

从商业模式来看，这些平台可与房东直接互动，提供个性化房源与服务。

（2）劣势

从服务民宿的角度分析，这些平台的经营思路是主做城市公寓，并不直接服务在广大农村的民宿。

3. 民宿自媒体

自媒体是指私人化、平民化、普泛化、自主化的传播者，以现代化、电子化的手段，向不特定的大多数或者特定的单个人传递规范性及非规范性信息的新媒体的总称。具有低门槛、易操作、交互强、传播快等特点，平台包括博客、微博、微信、百度官方贴吧、论坛/BBS等网络社区。

自媒体营销越来越受到民宿业的青睐，自媒体不是单一形式，而是众多具有自主意识、以"我"为特征的交流平台的集合。

（1）优势

这些自媒体提供真实入住体验，精准客户多。

（2）劣势

无法持续导流。

二 PMS 信息化平台

1. 什么是 PMS

所谓 PMS（Performance Management System）是绩效管理信息系统的简称，在酒店业称为"酒店物业管理"，CRS 中央预订系统和 PMS 酒店物业管理是核心业务系统，通过 CRS 和 PMS 能给客户提供高效快捷的酒店服务体验，提高酒店核心竞争力和管理水平。代表企业是番茄来了、云掌柜等信息化平台，通过移动互联网，帮助客栈、民宿进行房态管理、订单管理，提升旅游行业整体信息化水平。

番茄来了	云掌柜	客栈通

2. 优势

这些平台通常是免费使用，比较容易操作，移动端操作灵活协助民宿做房态管理。

3. 劣势

平台彼此不兼容，往往未给民宿主减少人力投入，同时，平台通常没有营销功能，不能解决民宿主核心痛点。

因此，这些平台不适应民宿多业态、多档次发展需求。实际上，高端民宿往往有自己定制的类似系统。

三　民宿金融平台

所谓民宿金融平台是指为民宿投融资服务的平台，目前处在萌发阶段，比较典型的代表有多彩投、开始众筹等平台。

多彩投	开始众筹

1. 优势

这些平台通过互联网金融的模式为民宿主提供快速配资服务。

2. 劣势

从目前的规模来看，民宿投融资还属于低频业务，民宿主与资本提供方的黏性与拓展都不够。

第二节　宿宿网移动互联网
民宿平台特色

　　宝珑科技旗下宿宿网民宿平台是在深度剖析了以上几类平台的优劣后，在码链技术的基础上，开发了为民宿数字化管理和运营降本增效的互联网平台，其使命是"围绕会员需求，提供全方位服务，助推会员做精做美"。

一　核心特色

1. 多业态、多场景支持

（1）精品度假民宿；

（2）一个系统解决住宿、餐饮、娱乐等多个场景的下单需求；

（3）精品酒店、客栈；

（4）客户不仅能在线预订房间，还能线上购买当地特产；

（5）集团品牌系列民宿；

（6）客户根据需求选择最适合自己入住的分店。

2. 全业务场景支持

（1）日历订房、娱乐服务、票务周边、特产直销；

（2）民宿增值业务场景全面支持，增强客户黏性。

○ 搜索商品

长白山天城　　　　玩趣　　　　　度假卡　　　　SPA

3. 轻松管理预定平台

（1）一分钟上手，三分钟开店完成；

（2）直观的操作界面，所见即所得；

（3）手机、电脑数据同步；

（4）移动化管理，随时随地尽在掌握。

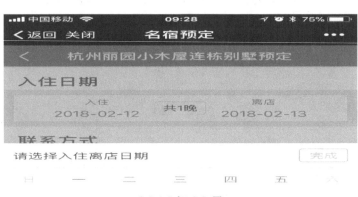

4. 专业团建活动对接平台，直击民宿淡季空房核心痛点

（1）企业团建、年会、高管度假；

（2）金融理财客户答谢；

（3）亲子活动；

（4）所有团体活动需求一键发布；

（5）服务质量，增值服务整合能力，历史接待业绩，性价比；

（6）宿宿网大数据推荐平台，精确为民宿对接合适的团建客户资源。

二　核心功能介绍（1.0版本）

1. 一键开店

选择成为业主

创建房源

编辑房源信息

发布房源

2. 移动房态管理

（1）随时随地了解与修改房间状态

（2）便捷管理每日线上房价

基础价格

您的基础价格是您默认设置的每晚价格。

基础价格

¥ 每晚

使用建议价格： ¥348 ⑦

对于大多数房东来说，第一次预订后，定价小窍门的数量会增加。

货币

CNY ▼

3. 核心业务系统

（1）团体活动在线预订平台

提供企业团建、年会、高管度假、客户答谢、亲子活动等全方位活动发布；团体客房、会议场地、活动资源在线预订；提供民宿活动服务经历与质量的搜索和资讯，1对1专业顾问全程免费对接服务，5秒钟提交需求，30分钟获活动方案。平台保障，安全省心。

（2）民宿转让

提供经营权转让、托管经营、在线拍卖信息发布；在线预约看房；提供经过平台认证核实的民宿信息的搜索和资讯，1对1专业顾问全程对接服务。

（3）房源在线预定

4. 民宿新媒体在线搜索与展示

（1）支持列表、详情多种显示方式。

（2）支持区域位置、关键字、热门景区、地图定位多种搜索方式。

预 约 看 房

民宿名称: 塘漾居
编号: ZR000169
验证状态: 信息未验证
位于: 浙江.湖州
特色:
客房数量: 8
楼层数: 3

选择入住日期与间数

确认付款

（3）标签模式，民宿特点一目了然。

（4）印象美文，全景视频，试睡体验，新时代民宿营销包装形式一键显示。

房源详情展示

杭州丽园小木屋 联栋别墅

(小木屋) (中式) (森林)

房型面积：48平米，有浴缸及阳台；楼层：2F；床型：1张1.8米，双人床；最多入住人数：4-5人，含双早，可加床（200元/晚）。

📍 浙江省杭州市湖墅南路

· 房间信息 ·

小木屋连栋别墅一

￥750/晚

预订

精致豪华阁楼加高房

￥1750/晚

预订

多方式搜索

列表显示

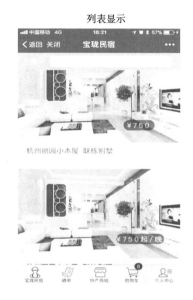

标签模式

印象美图

三　核心功能介绍（2.0版本）

1. 码链分销管理系统

（1）将码链技术专业用于民宿分销管理，让员工与客户轻松成为您的推广大使。

（2）并准确记录每个推广大使的效果与业绩。

（3）支持发布房源、特产、团购活动等多种分销内容。

分销内容　　　　　　　　　　分享二维码生成

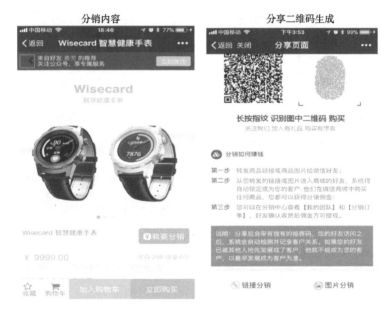

分享链接设定　　　　　　　　分销结果统计

（4）可以为个人、企业、渠道定制渠道二维码。

（5）自动记录与统计渠道推广的效果。

2. 增值业务商城

（1）特产商城

特产商城是民宿自己生产或售卖当地特色产品的平台，包括干果、茶叶、糕点、海鲜、野味等地方性特色产品在线直销。

（2）康体票务预订

一是提供游泳、健身、美容一键预订娱乐服务；

二是开通景点门票、旅游线路，打通商家间不同需求。

第三节 功能清单

编号	业务线	系统模块	功能说明
1	用户微信端（个人中心）	注册/登录	注册使用手机验证码完成注册
			用户名密码登录、完善个人信息、地址管理等
		我的分销	二维码方式，可推荐下级成为会员，下单获得奖励
		我的收藏	商品列表、可取消收藏、直接到购买页
		民宿订单	订单列表、订单详情、详单状态（已预订、已取消、已入住、已评价）、入住需要验证码核销
		支付功能	微信支付
		商城订单	订单列表、订单详情、订单状态（待付款、已付款、已完成、退款、已评价）
		实名认证	对接实名认证
		微信通知	微信通知
			房源变化
			预订成功
			入住前确认
		民宿定位	百度地图定位
2	房东微信端	申请成为房东	普通用户个人填写申请资料，后台审核
		订单管理	订单列表、订单详情、订单状态（已预订、已取消、已入住、已评价）查看
		房源管理	已有房源的查看展示
			房源状态的修改、价格的修改
			特产订单的列表、状态
		实名认证	对接实名认证

编号	业务线	系统模块	功能说明
2	房东微信端	微信通知	微信通知
			订单
			订单变化
		收入管理	报表查看
3	房东管理端	房源订单管理	订单列表、订单详情、订单状态（已预订、已取消、已入住）。订单操作：可修改订单状态、删除订单、管理评价
		房源管理	房源的编辑，房源分类、房源列表、房源上架（增删改），百度地图定位
		房源标签	默认：特产。增值服务（印象，全景展示，体验）。标签模板内容用户自行编辑（后台针对每个房东设置付费开关）
		商城管理	商品的编辑、商品分类、商品列表、商品上架（增删改）
		商城订单管理	订单列表、订单详情、订单状态（待付款、已付款、退换申请），物流管理，订单操作。可修改订单状态、删除订单、管理评价
		收入报表	订单收入：特产收入
4	用户微信端（民宿）	城市定位	直接定位当前城市、可选择城市
		首页	推荐名宿城市，查看该区域名宿列表
		民宿详情	房源展示、印象、全景视频、用户体验
		房源检搜	店铺名称关键字搜索、房源名称
		房源展示	房源基础信息介绍、配套设施、地图地理位置、退订政策、房屋守则
		房源预订	选择初用日期（满房日不可预订），提交订单，登录会员才可直接付款（微信支付）
5	用户微信端（商城）	商品分类	按后台定义的商品分类来展示，也可通过分类来筛选商品
		商品展示	列表展示（图、标题、价格、数量等），关联详情，图文展示
			特产
			票务
			娱乐项目
			旅游项目

编号	业务线	系统模块	功能说明
5	用户微信端（商城）	商品操作	选择数量下单支付，也可加入购物车再进行下单（支付方式使用微信）
			特产
			票务
			娱乐项目
			旅游项目
		物流	自动包邮
		退换货	申请入口，后台审核线下人工操作，不做在线退款
		平台特产	平台可以增加部分特产在各民宿下，收入归平台所有
		购物车	商品可多个使用购物车提交订单，可在购物车增、减、删商品数量
6	用户微信端（团建）	会务团建	需求提交界面
			发送推荐内容给的用户
7	平台管理端	会员管理	会员基本信息归集、内容管理
		商城管理	商品分类（可编辑管理，仅平台后台）、商品列表、商品上架（增删改）
			订单列表、订单详情、订单状态（待付款、已付款、退换申请）、物流管理、订单操作。可修改订单状态、删除订单、管理评价
			特产
			票务
			娱乐项目
			旅游项目
			物流管理
		房源管理	房东申请管理：同意、驳回
			房东信息统计：基础信息查看、审核操作、信息修改、删除等
			订单管理：删除、修改信息
		销售数据汇总	数据统计

编号	业务线	系统模块	功能说明
7	平台管理端	分销码链	发码中心
			行为记录（转发，阅读，下单）
			任何用户可追溯至第一级
			任何用户可查询属于其链条下游行为数据，生成统计报表（按行为，与级数）
			每个注册用户都有一个特有的分销链接或二维码，分享后，通过这个分享注册成功的会员有数据记录（会员发展会员）
		自动推荐系统	房源列表根据打分显示
		团建	后台自动根据需求获得推荐方案

第三篇

案例篇

第十章

浙江经典民宿

第一节　杭州花迹桃夭精舍民宿

桃之夭夭，灼灼其华。杭州花迹桃夭精舍民宿，一个可以发呆的地方。

杭州花迹桃夭精舍民宿，位于美丽的浙江省杭州市富阳区新登镇半山村之中，占地约 1300 平方米，由青春美少女文雯和嘚瑟文艺老青年小贝倾情打造，虽是传统与现代摩擦后的产物，但是在美女与"野兽"的搭配下，这家颇具传奇意味的民宿还是让我们看到了生活的美好。

一　制胜关键

（一）传统与现代的摩擦，历史与现实的碰撞，山村与城市的跳跃，情怀与盈利两不耽误。

（二）不定期举办文艺活动，更有"六十年代大戏台"让众多"戏精"念念不忘。

（三）提供游玩预订、当地人陪同、土特产代买等服务。

（四）一年三百六十五天的花式采摘活动，领略乡村采摘魅力。

二　经营重点与成本分析

预　算	基地面积	建物项目	收　入
预算 350 万 实际投入 420 万	土地：1260 平方米 庭院：约 300 平方米	改造与新造相结合	房费、餐饮、采摘项目

三　难题与应对

Q1：选址对于民宿来说尤为重要，浙江杭州富阳区新登镇半山村对于花迹桃夭的吸引力在哪里？

A1：民宿主小贝先生经过精挑细选，将民宿建在了杭州富阳区新登镇半山村之中。这里低山环绕，民宿地处山谷之中，受地形影响，不仅四季如春，还是乡村地区少有的"热闹"之地，交通十分便利。

远近高低的山坡造就了梯田纵横的地貌，整齐有序的梯田层层叠叠，春季郁郁葱葱，夏季清凉解暑，秋季金色满山，冬季尚可白雪皑皑，蔚为壮观。

Q2：整栋民宿的建造材料有木头、石头，草垫，材料的原始性使得建造一个具有现代感的房屋颇具困难，如何搭配得既不失传统的朴素又能够感受到现代科技的发展成为困扰民宿主小贝的一大难题。

A2：花迹桃夭的墙体多采用石头，青白黄不一的石头错落有致地排列在一起，一眼望去十分整齐有序，屋内墙体经过白色漆料的粉刷，十分干净整洁。

花迹桃夭直接保留了木头房梁，现代装修里的天花板被舍弃。榆木房梁不仅能够起到防虫作用，精选的木头更是承担起了美人清晨的第一眼美感，颇有"不知今夕是何年"的茫然。而屋顶外面则是铺盖了厚厚的一层茅草。茅草屋顶最早大约出现在距今 7000 多年的河姆渡，犹记得杜甫的那一首《茅屋为秋风所破歌》，让很多生活在城市的孩子惊诧不已。当然生活在现代的花迹桃夭，不会有"长夜沾湿"的悲凉，也不会"雨脚如麻"，但是风嚎墨云还是可以体验到的。

Q3：花迹桃夭是如何留住顾客的？

A3：留住顾客的秘诀就是服务。

整个民宿由小贝与文雯亲自打理。从接待顾客到餐饮服务，从卫生到建议，民宿主都亲力亲为，让众多顾客住得更加舒心。

花迹桃夭为顾客提供游玩预订、当地人陪同、土特产代买等服务，让顾客的行程更加科学。

亮点一：全年皆是采摘季，亲子团建可一人

儿时记忆里的摘果采花、捉鱼摸虾，总是随着时间的流逝，归于美好的回忆。无论是成家立业后因年幼的子女勾起的那一抹记忆，还是无意间想起了那段蹉跎岁月，也或者是公司同事别出心裁的体验活动，都让采摘活动成为当下热门的休闲项目。

占据天时、地利、人和的杭州花迹桃夭精舍民宿也无法抗拒这背后的巨大利润。从三四月份的"人面桃花相映红"，到四五月份的"夜半时分喂桑蚕，迎着朝阳采青桑"，再到五六月份的"一树樱桃带雨红"，还有六七八月份的"珍珠串串挂云坡"的蓝莓、"味胜河溯葡萄重，色比泸南荔枝深"的杨梅，八月份的"潜实内结，丰彩外盈，翠质朱变，形随运成"的黑布林，九到十月份那"傲天章"的猕猴桃，十一月份金光灿灿的银杏，来年三月份清脆可口的鲜笋。每一种采摘都是一种生活，而这种生活吸引了无数慕名而来的生活美学家，不远处的杭州花迹桃夭精舍民宿则成为这些美学家的下榻之地。

众多采摘项目中最为吸引人的莫过于富阳三月份的桃花节。白天，三两成群，穿梭在桃林之中，任凭满院桃花扑面而来，挥一挥衣袖，带走一片桃花芬芳。夜晚，宿在杭州花迹桃夭精舍民宿，桃花悠悠，正如那句"白天在万里桃林里陶醉，晚上在花迹桃夭里沉睡"。一年的三百六十五天里，从花开花落，到花蕊结果，就连身处其中的花迹桃夭都可以向我们展现大自然

的生机勃勃，而那怡然之姿又像是一幅天然玄机图。

亮点二：从创意里萌发生活美学，情怀与赚钱两不耽误

当我们脱下了西装领带，卸下了严肃假脸，远离了浮华喧嚣，我们也可以做个大大咧咧的孩子，开心就笑，难过就哭，一切都按照自己的想法而来，这或许就是花迹桃夭想要告诉我们的生活美学。

1. 集装箱的搭配

小贝原先是做集装箱文化创意设计的，多年来的设计经验让他可以设计出兼具美感与实用的"家"。他将集装箱应用于民宿，充分利用集装箱的灵活性，分隔出大厅、会议室、宿舍、厨房、卫生间等多层空间。随处可见的改造设计，对于需要灵感或者摄影的人来说，也是一个很好的学习对象。

2. 文艺青年的落脚点

杭州花迹桃夭精舍民宿区域内拥有20世纪60年代初期老戏台和老青砖楼两大历史建筑，不定期地邀请名家来此唱戏听曲。泡一壶清茶，嗑一盘瓜子，唱一曲《梁山伯与祝英台》，来一段《穆桂英挂帅》，悠闲的下午茶时光总是短暂而快乐。

3. 玻璃走廊

小贝哥特意设计了玻璃型走廊。静立其中，没有车水马龙，也没有人影重重，池塘里的鱼儿嬉戏玩闹，远处的木林随风摇曳。来一杯咖啡，听风声雨声，赏桃花雪花，最美的生活莫过于此。

桃之夭夭，灼灼其华。睡在花迹桃夭，与天地相接，让鼻息徜徉于桃花香，待花败果熟，提篮摘果，嬉戏桃林。此生此世，应与这花迹桃夭相约一次。

第二节　莫干山翠域·木竹坞

翠域木竹坞 Emerald hills 是一个专注于高端民宿群的民宿品牌，他将发展之地定位于浙江莫干山脚下的一个美丽村庄木竹坞，先后建立了翠域 1 号、翠域 5 号、翠域 6 号、翠域 7 号、翠域 8 号，共 5 栋风格迥异的民宿建筑，在满足不同顾客住宿体验的同时，力求以尽善尽美的服务，让顾客重燃对生活的追求。

一　制胜关键

（一）由著名设计师、专业管理团队共同打造的万国洋家乐群，是一场文化交流的产物。

（二）提供多种旅游攻略以及周边活动介绍，让顾客的旅途更加丰富多彩。

（三）多种风格民宿，总有一款符合顾客的心意。

（四）民宿附属设施齐全，会议室、游泳池等设施让您可以足不出户，即可获得多样的体验。

二　经营

预算	建物项目	附属设施	预计回本时间	收入分类
3000 万	以改造为主，与新建相结合	观景露台、温泉泡池、BBQ、会议室等	预计 4～5 年，其中房费于 2016 年开始回本，目前处于盈利状态	主要是房费和餐饮收入

三 问题及应对

Q1：莫干山民宿市场接近饱和的情况下，翠域为何还要选择莫干山？

A1：翠域最终选址在避暑胜地莫干山脚下，是经过综合考量的。莫干山民宿虽然在数量上占据优势，但是民宿质量参差不齐，高端民宿更是少之又少。翠域一向走的是国际高端品牌路线，在高端民宿领域具有明显的品牌优势。

木竹坞与莫干山处于一个适当的位置，既可以享受到莫干山的清凉舒适，又可以体验木竹坞淳朴天然的地理环境，与莫干山等诸多旅游地点距离适当。

Q2：翠域木竹坞的目标和情怀是什么？

A2：翠域集团负责人王涛一直希望能够打造一个具有莫干的特色，在浙江知名乃至全国甚至全世界闻名的民宿品牌。经过一段时间的经营，使翠域永竹坞与莫干的风景和气候相协调，真正体现了翠域人的愿景："让更多的人在翠域修身养性，让都市人在翠域找到乡村的家。"

Q3：翠域是如何经营管理的？遇到的最大难题是什么，又是如何解决的？

A3：翠域在经营管理方面最为突出的特点便是采用了亲情管理的方式，员工之间和睦相处，通过合作完成顾客服务，既增强了员工之间的向心力和凝聚力，也提高了员工的服务水平，进一步维护了翠域的品牌形象。

建造经营中的最大问题是人员的供需不平衡。翠域作为一家高端品牌民宿，对管理和服务人员有着更高的要求，人才的缺失一度让民宿主人头疼不已。现在翠域通过师傅带徒弟的方式，为翠域培养更多的人才，希望能够为顾客提供更加精致的服务。

亮点一：多种风格并存，出门就是一个世界

翠域木竹坞 Emerald hills 意在打造一个万国别墅建筑群，邀请了加拿大籍、新加坡籍、中国籍的管理团队，以及意大利、奥地利、西班牙、中国等各国设计师，共同寻找异国风情和莫干山民居的完美结合点，建造了一栋栋寓情于物且颇具特色的民宿建筑。

不同的建筑风格满足了绝大部分人们的追求，无论是自然舒适的中国新乡村风格，还是简约明理的新中式风格，抑或是热情洋溢的西班牙式风格，甚至意大利地中海式风格，翠域都应有尽有。尽管年龄层次和审美标准不同，翠域尽力让每个来这里的人都能找到最符合自己的地方居住。

去过翠域 1 号的顾客把它称作"一首混凝土和水泥的交响乐曲"，它极力追求一种宽敞、明亮、有质感的家的感觉。

翠域 5 号是奥地利设计师 Genco 的倾心之作，热情洋溢的西班牙风格与当地环境完美融合，它以橘色为主色调，仿佛在青山绿水间就能感受到斗牛场上的激情澎湃。

翠域 6 号是由中国设计师张敏琪打造的一栋将莫干山老房屋与英式乡村风格相结合的复古乡村风别墅。每个人的童年都是一本优美童话故事集，来到翠域 6 号，分享你的童年故事。

翠域 7 号是由奥地利设计师 Genco 全力打造的一栋现代北欧极简风格的别墅。欧式低奢风一直是白领的最爱，简约不简单，大气不低俗，彰显典雅品质。

翠域 8 号是由知名设计师余味精心打造的一栋现代美式简约风格的别墅。这里是竹海与溪水的环绕之地，踏入此地，佛音袅袅，心境清明。

体验过翠域 1 号，难道不想再体验一下 5 号、6 号、7 号、8 号？这也是翠域营销手段的高明之处，五种风格，总有一款适合你。

亮点二：完善附属设施，打造一个全方位、一体式民宿

目前，翠域木竹坞的附属设施是最完善的，咖啡厅、BBQ 等基本休闲设施就不再举例。民宿里配备了秋千、榻榻米等颇具少女风格的设施，充分满足富有少女心的朋友；同时又有大型会议室，公司团建、文艺演出分分钟准备好；内有游泳馆、健身房，外有莫干山骑行、徒步，众多运动健儿在此挥洒汗水；咖啡厅、书店里，可以是文艺女青年；KTV、BBQ 里，可以无限放飞自我。还有竹海林泉、庭院露台，营造一种私家园林的氛围。

地理位置的优势让翠域木竹坞成为一个中转站，这里距离筏头老街约一小时路程、山浩户外运动基地二十分钟左右，莫干山周边的休闲娱乐之地都在它的辐射范围之内，这样的休息

之所成为莫干山旅游的绝佳住宿之地。

亮点三：文化的传承与创新

百年前外国人在莫干山兴建了度假别墅，百年后的翠域在这里建造了精品度假别墅。翠域在建筑上很好地保留了老房子的原有形态和当地元素，延续了中国古宅的典雅庄重；在室内设计方面引用了更多的现代元素，无论是巨大的落地玻璃窗，还是通透开放的室内空间，处处蕴含着中国人对山水之美的崇尚追求，让顾客于潜移默化中放松身心。翠域最大的成功之处就在于它的包容，来自不同国度的管理层和设计师，不同文化的大胆交融和不拘一格，造就了翠域——也许是莫干山包容度最大的一个地方。

第三节 安吉四季慢谷精品民宿

安吉四季慢谷精品民宿位于安吉五峰山运动度假村，它是由前世界冠军黄拥军先生和"房痴"何先生以"轻心运动，慢调生活"为设计理念，在保留原村落的建筑风格和风土人情的基础上打造的一个休闲天堂。近年来，吸引了众多民宿爱好者和体验者前往，入住率居高不下。

一 制胜关键

1. 将运动与安谧生活相结合，将生活规划成一场运动之旅，在运动中得到身心的愉悦。

2. 独特的北欧设计风格，简单又大气，时尚且温馨。

3. 民宿里的一冰书院、土灶餐厅、知晓堂、红砖客厅等众多附属设施，满足不同人的兴趣爱好。

二 问题及应对

Q1：四季慢谷落户于安吉的优势在哪里？

A1：首先，民宿地址选在运动度假村，能够充分凸显运动的主题，综合利用周边运动资源；其次，安吉是中国唯一获得联合国人居奖的县，被誉为天然养生之地，独特的气候条件适合修身养性，更适合身处烦躁世界的人们来此寻找心灵的宁静。

Q2：如何凸显异国风格？

A2：整个四季慢谷采用北欧风格，通体白墙，在一片翠绿中显得格外突出，而屋顶上的草席，又带你回到朴素的乡村生活。

异国风格尤其重视家饰摆设，细节处理起来难度加大，且易于损坏。四季慢谷的房间里主要用各种复古小吊灯、风格迥异的壁画、公主风格的蚊帐、极具生活品位的插花等细节共同打造一种品质生活，营造一种低调宁静的氛围。

Q3：四季慢谷的消费群体和宣传群体主要有哪些？

A3：第一点，四季慢谷将消费群体定位为运动爱好者。与健身房相比，这种纯粹的有氧运动似乎更受青睐，又因为位于安吉运动度假村，人流量较大，稍加宣传就能起到不错的效果；第二点，四季慢谷配有荷塘、绿地、果园等场所，吸引修身养性的顾客，增加房费以外的收入。

亮点一：当阳光洒满屋顶，岁月静好不过如此

四季慢谷颇为注重对光的追逐，民宿内拥有大量露台与玻璃窗。当阳光调皮地从露台跑进来，一种春意盎然的感觉从头顶蔓延到四肢，令人浑身舒畅。

四季慢谷的日出日落总是让人们惊叹不已。坐在青石凳上，无论是朝霞的绚丽还是夕阳的不舍，总是令人情不自禁拿起摄像机记录下这"无限好"的一刻。

亮点二：一冰书院，书香四海

四季慢谷颇为大气地建立了自己的书院——一冰书院，它是以中国体操教育之父、《体育杂志》和体育专业报纸《体育界》的创始人徐一冰先生命名打造。1000 多册的配书，足以构建一个三五天的书海。当书香遇到了茶香，当唐诗邂逅了杂文，当读书搭配了运动，山水的柔和与肆意，花鸟的青春与活力，都抵不过眼前的那一抹岁月静好，就这样陶醉在文海，遨游在

山间，乐哉乐哉。

亮点三：慢而悠的运动生活

安吉五峰山运动村里每年都会有很多运动爱好者来此体验大自然的热情，这里或许没有健身房的大汗淋漓，也或许比去健身房麻烦一些，但是却是与大自然最为接近的地方。清晨相约环山骑行或者慢跑，也可以游步道、划水上皮艇，下午再登峰远眺或者徒步垂钓。夜晚，微风阵阵，虫鸣鸟飞，酌一壶酒，邀月对星，别有一番风味。

亮点四：亲子游玩的一方天地

亲子游，特别是寒暑假期间的亲子游近年来特别火爆，四季慢谷尤其注重亲子游这一增值项目的发展。一家三口或四口来到四季慢谷，可以体验什么呢？有常见的盆栽种植，亲手制作的可爱陶艺、中规中矩的绘画书法，还有民宿主为大家准备的趣味亲子运动会，也可以体验慢骑、徒步等运动项目，或者在满目竹林里挖笋，或者在小溪边烤全羊。似水流年里洋溢着亲情的温暖，子女成长时光里有你留下的浓墨重彩。

亮点五：竹韵

安吉这里可谓竹的天下，竹制门牌、竹制草席、竹柜、竹筷……还有竹筏、竹笋，小小的竹子，大大的用途，令人不禁感叹大自然造物的神奇。

四季慢谷的 6 幢淡雅房屋都是沿河而筑，分别以"晓、竹、梅、兰、枫、荷"命名，每间客房清新雅致，室内为原木风格，简约舒适，且各项设施齐全，窗外即是自然风光，空气很好；建筑外观保留竹乡安吉的原住房风貌，主题鲜明，风格各异，质感与匠心处处体现。

第四节　丽水天师楼·岑庄

丽水天师楼·岑庄坐落在浙江省丽水市莲都区巨溪乡境内，这里被誉为"浙江绿谷"，是有名的长寿之村，同时又是悠久的历史名城，早在四千多年前就有人类活动的踪迹。而丽水天师楼·岑庄作为一栋颇具时代气息的徽派古宅，令很多喜爱大宅门的朋友欣然前往。

一　制胜关键

1. 借助红色主题的优势，重走一次红色路线，感受红军老战士的拼搏、壮烈精神。

2. 隐于高山上的古宅，扑面而来的历史气息，还有豪情壮志的江湖霸气。

3. 最贴近生活的农家体验，猪羊牛、鸡鸭鹅，重温儿时的难忘岁月。

4. 简单随意的经营模式，给予顾客充分的自由体验。

二　经营

预　算	面　积	建物项目	收　入
约 3000 万	建筑：50 余亩 山林：200 亩	改造	主要是房费和牧林体验，目前处于试营业阶段

三　问题及应对

Q1：丽水天师楼·岑庄的选址考虑有哪些？

249

A1：浙江省丽水市莲都区是岑庄庄主的故乡，拥有庄主最为宝贵的童年记忆。这里毗邻丽水著名的三岩寺景区，四周奇峰耸立、壁立千仞。"天师楼""大旗擎天""神龙峰"等山峰，峰峦相接，遥遥相应。其中最为闻名的当属"天师楼"。天师楼山脚下的岑庄，是真正的被群山环绕，被称为"深山中的静谧之地"。岑庄庄主第一次到这里游玩时，发现虽然正值盛夏，但下午二时就没有太阳直射了，空气清新，凉爽异常，让人想要在此隐居。

Q2：如何改造成一个颇具年代感的民宿？

A2：岑庄先是以入口处矗立的四根石柱达到了先声夺人的效果，它们每一根都有着上百年的历史，岁月风霜褪去了他们原有的鲜亮外表，却积淀了他们屹立不倒的风骨。沿着小径往里走，古朴的石门上方悬挂着"岚光环瑞"的石匾。据说，这石门与石匾都是从民国时期保留至今的文物。抚着石门上斑驳的印记，似乎还可以感受到那个时代独有的气韵。一条原木走廊贯通里外，像一条巨龙匍匐在岑庄之侧。拾级而上，含"步步高升"之寓意。同时，又采用考究的木料、精湛的工艺，每一处榫接、每一处雕刻都经过了匠人用心雕琢和设计。

亮点一：随意洒脱的经营方式

岑庄庄主邀请台湾民宿设计师前往丽水，从基础建设开始，修路、通水、通电、排污，轰轰烈烈，历时 1000 多个日日夜夜，建成如今的天师楼·岑庄。

来到岑庄犹如闯进了古时的大宅，想让人吼一声"掌柜的，来一间上房"！庭院正中是雕梁画栋、绘彩飞檐的戏楼，戏楼对面及两侧都是休闲区，包括餐厅、会议室、茶室、乒乓球室等。

岑庄的房间都是全木结构，木质桌椅、木质门窗、木质墙壁、木质楼梯……不管是见义勇为的大侠、四海为家的旅人、抑或是携子游玩的父母，这里都是一个不错的体验。

岑庄庄主也是一位文艺青年，时常组织顾客举行联欢晚会或者诗词大会，除了准备自家种的桃子、蓝莓、西瓜、瓜子，还搬出了岑庄式的音响（笔记本＋麦克风＋喇叭），一个露天院落KTV、一次全民K歌就这样任性地开始了。最有趣的是你可以选择坐在屋顶上唱歌，或者吟诗作对，颇有一种"举杯邀明月，对影成三人"的洒脱之感。

岑庄庄主用诗意般的艺术打理民宿，满面春风的待客之道给打尖的客人留下了还想再去的念头。

亮点二：牧林体验与亲子游乐项目

岑庄之名亦来源于庄子主人小孙儿的名字，读起来都能感受到庄主对孙儿的浓浓爱意，亲情的温暖让这个占地较广的庄园变得更加广阔无垠。

岑庄庄主亲自搭建了牛棚、羊圈和猪圈，分别放养了牛羊猪，还有圈养的鸡鸭鹅，小朋友可以看到农家圈养的方式，也可以进行投喂互动，或是与他们一起玩耍。这对于从小生活在城市的孩子来说，是新奇有趣的体验；对家长们来说，则是一段童年回忆。

岑庄的户外休闲场地有露天游泳池、篮球场、烧烤区、可供钓鱼的水库、亲子沙池和浅水池等等，还专门开辟出一块场地作为农事体验园区，用来种植瓜果蔬菜，家长们可以带着孩子去采摘，也可以先种植，成熟时期再来采摘。

亮点三：红色革命者的英勇之地

天师楼对面是三岩寺主峰，主峰半腰间有个山洞，因洞内原来建有胡公庙，便被人们称为胡公洞。抗战时期，中国工农红军第十三军浙西第三纵队将这里设为根据点。后来，三岩寺受到国民党袭击，红军被困在洞中，唯一的突围方法便是从悬崖上沿着古藤和岩石下滑。红军战士们有的摔死，有的重伤。而总指挥潘成波与30位红军战士坚守洞中，掩护战友突围，最后全部牺牲。他们的故事和狼牙山五壮士一样壮烈，当地百姓为了纪念革命先烈，将那里改名为"红军洞"。

每年清明时节，会有很多老兵前来扫墓；或者九月九日登高望远，诉说中国百年发展……红色路线带来的坚韧与拼搏精神，与岑庄的隐而不发、遗世独立精神相互吸引，使不少人选择住在岑庄，陪伴他们的老朋友，重温那段英勇事迹。

亮点四：武林高手的养生之地

天师楼是道教创始人张道陵修道养生之圣地，集天地之灵气、日月之精华。从岑庄通向天师楼之路，亦是"清远映晖"之路。"时升翠微上，邈若罗浮巅。两岑抱东壑，一嶂横西天"，岑庄总能让来到这里的人们感受到奇峰环绕、山静水幽的缥缈之气。

清晨，在这个徽派古宅里，打打太极拳，几次吐纳，仿佛年轻了不少；或在书香之第，泡一壶清茶，打坐悟禅，也是一次不错的静心之旅。

亮点五：古宅里的民间习俗

或许是隐于深山的原因，这里仍然可以看到很多民间习俗，尤其是在过年的时候，大红灯笼高高挂，杀猪祭天过新年，那是一种在城市里体验不到的过年气氛。所有食材来自于自家的菜园，滑烫天师生态牛、滋补浓汤天师羊、红烧生态土猪肉、野生椒盐小溪鱼、滑炒生态土猪肝、香脆皮葱花肉、高山雪水

红心薯、高山有机菜花锅……一串菜单下来，令人很有胃口，其中的养生价值也让人垂涎不已。

这里还有百岁老人的"福"字竞拍活动，各种纯手工的精美福袋，还有磨豆腐、喂猪羊等活动可以消磨你的下午时光。

第十一章

台湾民宿

第一节　台湾民宿的兴起及发展

台湾民宿自 20 世纪 80 年代兴起以来，从汲取他国民宿的经验中摸爬滚打，一度成为民宿的教科书式案例。这其中的原因除了各国民宿经验的鼎力相助，还有台湾民宿主的坚定信念和独具匠心。本节将从台湾民宿兴起的时间来分析台湾民宿成功的原因。

一　台湾民宿兴起的背景

（一）台湾经济的快速发展致使乡下房屋空闲

20 世纪 80 年代，台湾经济进入繁盛时期，众多乡下孩子从乡村来到城市，致使乡下房屋空闲，村民纷纷开始转让房屋。

（二）政府政策支持

20 世纪 80 年代的台湾农业受到很大的冲击，政府部门为了将其对经济的损害降到最小，鼓励农村观光旅游的发展。

（三）原住民的配合

台湾乡下仍然有很多原住民，他们的收入较低，而改造自有房屋或配合其他民宿的经营，能够获得额外的收入。

（四）城市人民的返乡之梦

随着城市经济收入的增加，人们对生活质量的要求越来高，对青春岁月的怀念成为他们回到乡下寻梦的诱因。

二　台湾民宿的发展历程

台湾民宿自 20 世纪 80 年代诞生，到现在大致经历了四个阶段。

（一）起始发展阶段（1980～2000 年）

20 世纪 80 年代，一大批台湾民宿如雨后春笋般出现，从垦丁国家公园，到阿里山的丰山、台北县瑞芳镇九份地区、南投县的鹿谷乡产茶区和溪头地区、外岛的澎湖和宜兰休闲农业区，这些民宿逐渐发展成为台湾的新兴乡村旅游经济产业，带动了当地旅游业的发展。然而，由于民宿经营水平参差不齐，管理制度尚不完善，消费者的基本权益得不到有效的保障，初期的台湾民宿在质量上不尽如人意。

（二）快速发展阶段（2001～2006 年）

2001 年 12 月 12 日，台湾当局制定并颁布了《民宿管理办法》，从民宿的设置、经营规模、建筑物、消防安全、经营设施、申请登记等几个方面对民宿做出了具体而详细的规定。

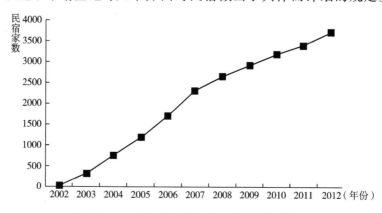

图 11 -1　历年来台湾合法民宿数量变化情况

该办法还列举了民宿的禁止事项，同时加强对民宿行业的监督管理，这对于民宿行业的发展起到了良好的规范作用，是台湾民宿行业史上的分水岭。自此，台湾民宿迎来一个崭新的发展时代。

（三）成熟发展阶段（2007 年至今）

在此阶段，台湾民宿从服务和设计入手，注重人文和艺术色彩，使得精品民宿逐渐成为民宿行业的主流。民宿主以创意美学、多样主题为思路，将宾至如归作为民宿的宗旨，顾客不仅能够欣赏当地的绝美风景，还能体验到当地的风土人情。

三 台湾民宿成功的原因

（一）站在前人的肩膀上，汲取经验与教训

台湾人民作为中华文化的传承者，同样继承了中华文化中的坚韧不拔和创新拼搏精神。历经风风雨雨，台湾民宿主依然保持初心，努力学习他国民宿的经验，例如英国 B&B 贴心地为顾客提供早餐等服务，又比如建造北欧式建筑和美式建筑，在国内体验异域风情不再是一种奢望。

（二）创新成就特色，特色带来经典

一个不懂得创新的行业，将逐渐被社会淘汰；一个不懂得变通的民宿主，他的民宿也将默默无闻。台湾四季星空民宿创新性地将欧式风格与茶园内涵融于一体，大胆地运用中西文化的碰撞，在一种巧妙的平衡中形成了一个童话般的城堡。

第二节 台湾民宿的发展经验

一个成功的民宿关系应包括民宿主、顾客和民宿三个部分。

民宿主设计、建造并运营民宿,从而为顾客提供住宿、餐饮等服务;民宿是民宿主情怀的实质状态,而民宿本身也是一种由民宿主提供给顾客的住宿服务;顾客因民宿而住民宿,顾客和民宿主之间则是通过民宿进行交流。本节将从选址、建造、经营这三个方面来分析台湾民宿是如何平衡三者间的关系,又是如何成为民宿行业的佼佼者的。

一 选址

台湾民宿选址主要从两个方面考虑,一为自然环境,二为人文环境,更多的是将二者融为一体,让顾客在欣赏自然环境的同时,近距离感受当地的人文魅力,用最少的时间换来最大的价值体验,这就是民宿的最高价值。

自然环境主要是一些自然风景区等旅游胜地,山清水秀、碧海蓝天,如此原汁原味的朴素生活,方是众多人去体验民宿的动机。

人文环境包括名胜古迹、商贸集市、老街古庙等人流量较大的特色风景。人流量的增加,对住房的需求也会增加。

台湾民宿中还有很多以温泉、临海等闻名遐迩的民宿,这些民宿已经锁定了目标人群,它们的顾客范围比较狭窄,却以出乎意料的高入住率拿出了不菲的成绩。在日渐趋同的民宿中,这种个性鲜明、需求明确的民宿不失为一种不错的选择。

另外，民宿主选址过程中也要做好充分的市场调研。所选区域的民宿市场是否已经达到饱和状态，这个地方又是否有顾客愿意停留，都是民宿筹建时期所需要考虑的问题。

二　建造

民宿的建立是一个从确定主题到设计再到建造的过程。

（一）主题

设计的首要前提是确定主题。无论是北欧的简约风，还是地中海式的浪漫，主题的选择相对来说比较容易，怎么让这种主题更有深意、更具哲理，才是民宿主所应关注的重点。

主题选择的关键在于共感。一个民宿能够让顾客产生共鸣，顾客才会留恋不已。台湾民宿水岸森林迎合了顾客的度假心理，它以度假村为主题，宣传一种乐而静的生活方式，用多样化的玩住体验打动顾客的感官，在顾客心里留下一种"我还要再来"的暗示。

（二）设计

民宿的设计应当包含两大部分，即房屋空间与安全系统。而房屋空间又应当包括公共空间与内部房间。

台湾民宿在设计时尤其注意房屋的空间设计感，特别是公共空间的设计，他们擅长在一种大客厅的氛围内营造一种天、地、人、宿合一的境界。同时民宿内部又配有餐厅、咖啡厅等休闲娱乐场所，力求"不出民宿，也可生活"。

台湾民宿的每一个房间都是民宿主所建造的"家"，家里至少包括睡眠区和浴厕区两个部分，睡眠区除了床，还需要配备书柜、衣柜、Mimi Bar 等基本生活设施；浴厕区至少需要具备浴缸、马桶、洗手台。

台湾民宿从人性化的角度出发，将民宿主的情怀寄托在空间构造上，呈现一种最舒服的色调和空间搭配。一个不是特别大的民宿，却如有着纯洁的灵魂一般，令人安心。

设计工具可以借助 BIM，以 3D 或 VR 效果图来呈现民宿结构，民宿主既可以模拟顾客体验，查找不足之处，又可以借助光、音、热等物理技术，知悉能源效率，以便及时更换。

（三）文化与创意

主题的确定对于民宿来说，犹如定海神针。整体风格的维持与颇具特色的设计并不冲突。

台湾民宿尤其注重顾客的视、听、嗅、味、触多种感觉，并且衍生出多种不同风格的主题。即使顾客按照偏好选择不同的房间，生活美学的寓意依然能够打动顾客。休闲娱乐的追求和不同特色的氛围相辅相成，是民宿追求的一种永续发展价值的生活方式。

三　经营管理

（一）线上运营

OZO 商业模式随着互联网的运用，在整个住宿行业掀起了

一股新的热潮。民宿与酒店在运营上的最大区别在于它没有 PR（公关），民宿主没有强大的酒店集团或者资金作为后盾，更没有一个能够将其推入大众视野的公关团队。在这种情况下，民宿主起初只能借助 OTA 平台推广产品，在时机成熟时推进分销整合管理平台。

1. OTA 平台的运用

OTA 平台是一种成熟的网上预订系统，但是，在大多数民宿主的心中，其高额的佣金让民宿主望而止步。然而，其所带来的收益确是其他经营方式所无法达到的。

（1）客源。OTA 可以为民宿主提供大量的客源，包括公司团建、家庭游，甚至是 FIT（自由行）的客人。

（2）曝光率。OTA 平台会有很多不定期的曝光活动，甚至是与合作方的广告，这些都可以让你的民宿成为消费者所能讲出的几家民宿之一。

（3）入住率。OTA 平台作为一种快捷的预订系统，不仅省时省力，还能让顾客对民宿有一个整体的了解。

（4）可选择性。这是一个由民宿主筛选顾客的操作，通过顾客的询问挑选出优质顾客。

（5）学习。OTA平台的操作流程值得各位民宿主学习，从民宿的上传（包括照片和文字），到民宿活动的推送，再到民宿的预订系统，最后到民宿的评价和退款操作，各个部门之间紧密合作，最终形成这一整套流畅又严谨的操作流程。同时，民宿主也可以浏览他家民宿，从中找出自己的不足，发挥自己的特色。

2. 分销整合管理系统

Don't put all your eggs in one basket。这句俗语对于民宿经营同样适用。民宿预订除了OTA平台，更重要的是依靠民宿本身的官网或者直接打电话预订，从而形成一个分销整合管理系统。目前，台湾民宿中做得比较成功的有阿德南斯庄园、花见幸福、海境等知名民宿，他们利用OTA平台，学习包括民宿房型上传、预订、预约到入住等整个流程，并且将这个流程运用到自己的官网上，同时又给予一定的优惠，真正做到将顾客把握在自己手中。

（二）线下运营

线上平台的运用有可能一炮而红，但也存在着很多缺陷，例如顾客选择的不可控性。线上不足，线下补充。而线下经营应以产品为主，包括民宿、服务和增值产品。

1. 民宿

民宿作为民宿主情怀的载体，是民宿主售卖的主要产品。一个好的民宿，代表着高额的收益。

民宿价值的等量表现为价格。不少民宿主以过高的价格来吸引顾客，给顾客一种精致民宿的错觉，然而民宿本身的价值却远远低于这个价格，最终失去口碑。而用低价来吸引顾客，显然也不是一个明智的做法，不说价低带给人们的廉价感，就是收益都会成为一个大难题。而一个合理的民宿房费应当为：

$$房费 = 单间民宿价值 + 水电 + 洗涤费 + 日用品 + 服务价值$$
$$已售客房的平均房价 = 客房总收入/客房出售总数$$
$$民宿总收入 = 房费 + 餐饮等增值收入$$

同时，在 OTA 平台上的价格应当比实际价格或者官网价格高出 20%，以便进行促销或折扣。

2. 服务

顾客的体验是检验服务的最佳标准。我们将服务分为内部服务和外部服务。

内部服务主要针对已经入住的房客。台湾民宿的服务一直以酒店式服务为标准，十分注重所谓"民宿文化"，从预定时的邮箱、电话、短信提醒，到入住时的微笑服务和整洁卫生，将酒店服务的细致入微和民宿的温馨舒适相融合，既不会太疏离，又不会产生被侵犯的感觉。至于床具和家具必然要选择佳品。

外部服务主要针对尚未预订的房客。台湾民宿特别看重与顾客间的交流，他们除了在 OTA 平台上及时回复评论并做出整改，还会建立 CRM 客户关系管理系统，以礼品、电话、邮件等形式刷"存在感"。

正如美国丽思卡尔顿酒店的服务名言：我们是一群为女士与绅士提供服务的女士与绅士。

3. 增值产品

增值产品，或者可以用增值服务来形容，包括手工艺品、趣味性运动等特色活动和雕镂、玻璃房、花园等附属设施。

台湾民宿颇为注重增值产品的建设，在房费确定不可更改的情况下，增值产品所带来的增值收益却是弹性可调的。例如台湾的呼噜咖啡 B&B，采用楼上民宿、楼下咖啡的模式，咖啡收入在整体收入中占了很大的比重。

（三）控房系统（PMS）

控房系统是一家民宿必须具备的管理系统。台湾民宿大多采用德安、金旭，这里建议采用云掌柜，它除了在房间管理和客人管理上的优势外，还可以统计分析客户资料，以便民宿主更好地定位顾客人群。

第三节 经典案例

台湾民宿是台湾乡村旅游中集美感、创意、文化于一身之大成者，它通过自然环境、民宿活动以及"衍生产品/服务"的巧妙设计，不仅给顾客带来大自然的绿色体验，还能够使顾客在一种充满情味的感觉与氛围中放松身心、返璞归真，从而达到一栋民宿、一个故事、一种生活的境界。

秋山居，曾被 CNN 评为"台湾十大最美民宿"之一，这个零差评的顶级民宿如今已是众多新建民宿学习的蓝本，它成功的奥秘也一直被大家细批薄抹、推敲咀嚼。

一 规划

秋山居是由台湾知名连锁茶餐厅——春水堂创始人刘汉耗费 14 年筹备兴建，耗资 3 亿元打造而成。

二 选地

台湾南投以日月潭闻名，虽不临海，但是山与水的绝佳搭配以及万籁俱寂的大自然，仍然是一个令无数人向往的圣洁之地。

秋山居位于南投的北港溪畔，它地处溪水与森林之间，空气极其清新，让其在众多民宿中脱颖而出。

三 建造

1. 秋山居民宿是仿唐风的中式建筑，又带有一点日本庭园风格，房间里处处透漏出典雅端庄，更显高端品质。

2. 秋山居占地超过 3 万平方米，却只有 11 个房间，且各自独立成栋，每栋都有独立的院子，民宿主还贴心地为每栋房间准备了颇具韵味的名字。

3. 沿着一片青绿而来，推门而入，便是一个带有日式禅味的纯净空间。透过大片的玻璃窗，入目即是室外的花园景观，这样精细的设计和装修，让人沉醉不已。

四 经营维护

1. 体贴细致的服务。秋山居的服务让很多人纷纷留言道"不知道该从何挑剔起"，由此可见秋山居的魅力。整齐划一的服装、干净整洁的床单、暖心又恰当的微笑，甚至是一份夜宵、一包茶叶，或者一只可爱的猫咪，都为秋山居带来了一大批死忠粉。

2. 温泉与红茶是秋山居的两大特色。在秋水居里，泡泡温泉，品品香茗，享受美景，再品尝下著名的秋山家宴……不得不说，秋山居充分抓住了顾客的心理。

3. 借助春水堂的品牌优势。春水堂是台湾泡沫红茶的发源地，再加上秋山居唯美且高超的茶艺表演，令一大批茶艺爱好者慕名而来。

4. 秋山居亦继承南投的美食传统，致力于原生料理，采用当地食材，尽可能地保留食物本身的味道。一道道精美又可口的食物，成功吸引到众多美食爱好者。

五 政府、协会双重支持

1. 秋山居借助台湾当局和协会的双重支持，最先接受台湾当局出台《民宿管理办法》，并严格按照此标准管理运营，成为台湾少数几家运营合格的精品民宿。

2. 台湾民宿协会联合总会、台湾民宿协会、南投县民宿观光协会、清境观光协会等台湾民宿团体组织在组织管理、产品经营推广多元化与服务升级方式上为秋山居提供各种帮助，促进民宿之间的交流学习，最终实现合作共赢。

参考文献

［1］《中华人民共和国消防法》

［2］《建设工程消防监督管理规定》（公安部令第 119 号）

［3］《消防监督检查规定》（公安部令第 120 号）

［4］《村庄和集镇规划建设管理条例》（国务院令第 116 号）

［5］周琼：《台湾民宿发展分析及其启示》，《中国乡镇企业》
2013 年第 9 期。

［6］徐国茂：《浅析湖州民宿经济消防安全现状与对策措施》。
http：//www.360doc.com/content/17/0418/20/39010498_ 6
46654046.shtml.

［7］胡敏：《乡村民宿经营管理核心资源分析》，《旅游学刊》
2007 年第 9 期。

［8］单福彬、李馨：《我国台湾地区创意农业的发展模式分析及
经验借鉴》，《江苏农业科学》2017 年第 11 期。

［9］张婕、黄仕坤：《基于贵州茶旅体验的民宿发展模式研
究》，《生态旅游》2017 年第 7 期。

［10］李忠斌、刘阿丽：《武陵山区特色村寨建设与民宿旅游融
合发展路径选择——基于利川市的调研》，《云南民族大学
学报》（哲学社会科学版）2016 年第 11 期。

［11］马勇：《酒店管理概论》，重庆大学出版社，2017。

［12］徐文苑：《酒店餐饮运作实务》，清华大学出版社，2012。

［13］SH 美化家庭编辑部《就想开民宿》，中原农民出版

社，2017。

［14］黄伟祥：《微型旅宿经营学》，麦浩斯出版社，2017。

［15］〔美〕曼昆：《经济学原理》，梁小民、梁砾译，北京大学
　　　出版社，1999。

［16］过聚荣：《中国会展经济发展报告（2013）》，社会科学文
　　　献出版社，2013。

附录一　中华人民共和国旅游行业标准

旅游民宿基本要求与评价

前言

本标准按照 GB/T 1.1—2009 给出的起草规则编写。

本标准由国家旅游局提出。

本标准由全国旅游标准化技术委员会（SAC/TC 210）归口。

本标准起草单位：国家旅游局监督管理司、浙江省旅游局、浙江旅游职业学院。

民宿本标准主要起草人：章艺、刘克智、唐兵、吴大伟、刘瀛、周鲲、叶建国、丁屹、吴健芬。

1. 范围

本标准规定了旅游民宿的定义、评价原则、基本要求、管理规范和等级划分条件。

本标准适用于正式营业的小型旅游住宿设施，包括但不限于客栈、庄园、宅院、驿站、山庄等。

2. 规范性引用文件

下列文件对于本文件的应用是必不可少的。凡是注日期的引用文件，仅注日期的版本适用于本文件。

凡是不注日期的引用文件，其最新版本（包括所有的修改单）适用于本文件。

GB 2894 安全标志及其使用导则

GB 5749 生活饮用水卫生标准

GB 8978 污水综合排放标准

GB 9663 旅店业卫生标准

GB 14881 食品安全国家标准食品生产通用卫生规范

GB 14934 食（饮）具消毒卫生标准

GB 16153 饭馆（餐厅）卫生标准

GB 18483 饮食业油烟排放标准（试行）

GB/T 17217 城市公共厕所卫生标准

GB/T 19095 生活垃圾分类标志

GB/T 22800 星级旅游饭店用纺织品

JGJ 125 危险房屋鉴定标准

CJJ/T102 城市生活垃圾分类及其评价标准

3. 术语和定义

3.1　旅游民宿 homestay inn

利用当地闲置资源，民宿主人参与接待，为游客提供体验当地自然、文化与生产生活方式的小型住宿设施。

注：根据所处地域的不同可分为：城镇民宿和乡村民宿。

3.2　民宿主人 ownerand/or investor

民宿业主或经营管理。

4. 评价原则

4.1　传递生活美学

4.1.1　民宿主人热爱生活，乐于分享。

4.1.2　通过建筑和装饰为宾客营造生活美学空间。

4.1.3　通过服务和活动让宾客感受到中华民族传统待客之道。

4.2　追求产品创新

4.2.1　产品设计追求创新，形成特色，满足特定市场需求。

273

4.2.2 产品运营运用新技术、新渠道，形成良性发展。

4.3 弘扬地方文化

4.3.1 设计运营因地制宜，传承保护地域文化。

4.3.2 宣传推广形式多样，传播优秀地方文化。

4.4 引导绿色环保

4.4.1 建设运营坚持绿色设计、清洁生产。

4.4.2 宣传营销倡导绿色消费。

4.5 实现共生共赢

4.5.1 民宿主人和当地居民形成良好的邻里关系。

4.5.2 经营活动促进地方经济、社会、文化的发展。

5. 基本要求

5.1 旅游民宿经营场地应符合本辖区内的土地利用总体规划、城乡建设规划、所在地旅游民宿发展有关规划，无地质灾害和其他影响公共安全的隐患。

5.2 经营的建筑物应通过 JGJ 125 房屋安全性鉴定。

5.3 经营场地应征得当地政府及相关部门的同意。

5.4 经营应依法取得当地政府要求的相关证照，满足公安机关治安消防相关要求。

5.5 生活用水（包括自备水源和二次供水）应符合 GB 5749 要求。

5.6 食品来源、加工、销售应符合 GB14881 要求。

5.7 卫生条件应符合 GB 16153、GB 14934、GB 9663、GB/T 17217 要求。

5.8 旅游民宿建设、运营应因地制宜，采取节能环保措施，废弃物排放符合 GB 8978、GB 18483、CJJ/T 102 要求。

5.9 开业以来或近三年未发生重大以上的安全责任事故。

5.10 从业人员应经过卫生培训和健康检查，持证上岗。

5.11 服务项目应通过适当方式以文字、图形方式公示，并标明营业时间。收费项目应明码标价，诚信经营。

5.12　经营者应定期向旅游主管部门报送统计调查资料，及时向相关部门上报突发事件等信息。

6. 安全管理

6.1　应建立健全各类相关安全管理制度，落实安全责任。对从业人员进行定期培训。

6.2　易发生危险的区域和设施应设置安全警示标志，安全标志应符合 GB 2894 要求；易燃、易爆物品的储存和管理应采取必要的防护措施，符合相关法规。

6.3　应配备必要的安全设施，确保宾客和从业人员人身和财产安全。

6.4　应有突发事件应急预案，并定期演练。

6.5　应自觉遵守当地习俗。

7. 环境和设施

7.1　环境应保持整洁，绿植养护得当。

7.2　主体建筑应与环境协调美观，景观有地域特色。

7.3　单幢建筑客房数量应不超过 14 间（套）。

7.4　建筑和装修宜体现地方特色与文化。

7.5　主、客区宜相对独立，功能划分合理，空间效果良好。

7.6　应提供整洁卫生、安全舒适的住宿设施。

7.7　宜提供整洁卫生、安全舒适的餐饮设施。

7.8　宜提供宾客休闲、交流的公共区域，布局合理。

7.9　设施设备完好有效，应定期检查并有维保记录。

7.10　应有适应所在地区气候的采暖、制冷设备，各区域通风良好。

7.11　公共卫生间应位置合理，方便使用。

7.12　应配备必要的消毒设施设备。

7.13　应配备应急照明设备或用品。

7.14 宜提供无线网络，方便使用。

8. 卫生和服务

8.1 旅游民宿应整洁卫生，空气清新，无潮霉、无异味。

8.2 客房床单、被套、枕套、毛巾等应做到每客必换，并能应宾客要求提供相应服务。公用物品应一客一消毒。

8.3 客房卫生间应有防潮通风措施，每天全面清理一次，无异味、无积水、无污渍，公用物品应一客一消毒。

8.4 应有防鼠、防虫措施。

8.5 民宿主人应参与接待，邻里关系融洽。

8.6 接待人员应热情好客，穿着整齐清洁，礼仪礼节得当。

8.7 接待人员应熟悉当地旅游资源，可用普通话提供服务。

8.8 接待人员应熟悉当地特产，可为宾客做推荐。

8.9 接待人员应掌握相应的业务知识和服务技能，并熟练应用。

8.10 晚间应有值班人员或电话。

8.11 接待人员应遵守承诺，保护隐私，尊重宾客的宗教信仰与风俗习惯，保护宾客的合法权益。

9. 等级

旅游民宿分为二个等级，金宿级、银宿级。金宿级为高等级，银宿级为普通等级。等级越高表示接待设施与服务品质越高。

10. 等级划分条件

10.1 金宿级

10.1.1 环境与建筑

10.1.1.1 周围应有优质的自然生态环境，或有多处体验方便、特色鲜明的地方风物。

10.1.1.2 建筑和装修宜特色鲜明，风格突出、内外协调。

10.1.1.3 宜在附近设置交通工具停放场地，方便抵达。

不影响周边居民生活。

10.1.2 设施和服务

10.1.2.1 客房装饰应专业设计，体现当地特色，符合基本服务要求，整体效果好。

10.1.2.2 客房宜使用高品质床垫、布草、毛巾和客用品，布草应符合 GB/T 22800 标准规定，可提供二种以上规格枕头，整体感觉舒适。

10.1.2.3 客房宜有较好的照明、遮光效果和隔音措施。电源插座等配套设施应位置合理，方便使用。

10.1.2.4 客房卫生间宜装修高档，干湿分离，有防滑防溅措施，24 小时供应冷热水。

10.1.2.5 公共空间宜专业设计，风格协调，整体效果良好。

10.1.2.6 民宿主人应提供自然、温馨的服务，能给宾客留下深刻印象。

10.1.2.7 宜组织多种宾客乐于参与的活动。

10.1.2.8 宜提供早餐服务。

10.1.2.9 宜提供特色餐饮服务。

10.1.2.10 宜设置导引标识或提供接送服务，方便宾客抵离。

10.1.2.11 宜建立相关规章制度，定期开展员工培训。

10.1.2.12 宜建立水电气管理制度，有设施设备维保记录。

10.1.2.13 宜开展和建立消防演习和安全巡查制度，有记录。

10.1.3 特色和其他

10.1.3.1 设计、运营和服务宜体现地方特色和文化。

10.1.3.2 应有宾客评价较高的特色产品或服务。

10.1.3.3 应有较高的市场认可度。

10.1.3.4 宜积极参与当地政府和社区组织的集体活动。

10.1.3.5 宜提供线上预定、支付服务，利用互联网技术宣传、营销。

10.1.3.6 经营活动应有助于地方经济、社会、文化的发展。

10.1.3.7 宜注重品牌建设，并注册推广。

10.2 银宿级

10.2.1 环境与建筑

10.2.1.1 周围应有较好的自然生态环境，或有多处方便体验的地方风物。

10.2.1.2 建筑和装修宜内外协调、工艺良好。

10.2.1.3 宜设置交通工具停放场地，且不影响周边居民生活。

10.2.2 设施与服务

10.2.2.1 客房装饰应体现当地文化，整体效果较好。

10.2.2.2 客房宜提供较为舒适的床垫、布草、毛巾和客用品，布草应符合 GB/T 22800 标准规定，可提供二种以上规格枕头。

10.2.2.3 客房宜有窗帘和隔音措施，照明效果较好，电源插座等配套设施宜位置合理，方便使用。

10.2.2.4 客房卫生间应有淋浴设施，并有防滑防溅措施，宜使用品牌卫浴。

10.2.2.5 民宿主人应提供自然、温馨的服务。

10.2.2.6 宜组织宾客乐于参与的活动。

10.2.2.7 宜提供早餐和特色餐饮服务，或附近有餐饮点

10.2.3 特色与其他

10.2.3.1 可为宾客合理需求提供相应服务。

10.2.3.2 宜利用互联网技术宣传、营销。

附录二 浙江省民宿 (农家乐) 治安消防管理暂行规定

第一条 为规范民宿（农家乐）治安消防管理，促进休闲农业、乡村旅游发展，保障人民群众生命财产安全，根据《治安管理处罚法》《消防法》《浙江省消防条例》《浙江省旅游条例》《浙江省旅馆业治安管理办法实施细则》等法律法规、规章和《浙江省人民政府办公厅关于发展提升农家乐休闲旅游业的意见》精神，制定本规定。

第二条 本规定所称的民宿（农家乐）是指位于乡村和旅游风景区规划区范围内，利用城乡居民自有住宅开办的提供住宿、餐饮等服务的小型旅游服务设施，其规模为单栋房屋客房数量不超过 15 间、建筑层数不超过 4 层且总建筑面积不超过 800 平方米。

各地可根据本地实际适当放宽民宿（农家乐）规模界定标准，但应相应提高消防安全技术要求。

第三条 开办民宿（农家乐）房屋应当为合法建筑，并满足有关房屋质量安全要求，同时还要符合本规定中的治安消防安全基本要求。

第四条 公安机关负责检查、监督、指导民宿（农家乐）经营者落实治安和消防管理制度，督促其强化安全防范措施，整改治安、消防安全隐患，并依法查处违法犯罪活动。

第五条　各地应当引导、帮助民宿（农家乐）经营户密集的村居建立完善治安巡防队伍、志愿消防队伍，配备消防拉梯、消防手抬泵等必要的消防装备。

第六条　民宿（农家乐）在投入使用、营业前，经营户应当向场所所在地的县级公安机关治安部门申请特种行业许可，并提交下列材料：

（一）《浙江省特种行业许可申请登记表（民宿、农家乐）》、《浙江省民宿（农家乐）消防安全情况登记表》；

（二）营业执照复印件；

（三）所在乡镇（街道）出具的位于乡、村庄或旅游景区规划区范围内的证明文件；

（四）标明经营场所各层客房、内部通道、消防设施等分布及面积的平面示意图。

第七条　公安机关治安部门收到申请后，对申请材料齐全、符合法定形式的，应当出具受理凭证；不予受理的，应当出具不予受理凭证并载明理由；申请材料不齐全或者不符合法定形式的，应当当场或者在5日内一次性告知申请人需要补齐的全部内容，逾期不告知的，自收到申请材料之日起即为受理。

第八条　公安机关治安部门应当自申请受理之日起2个工作日内书面通知辖区派出所进行现场检查，辖区派出所应当自收到书面通知之日起5个工作日内对场所进行现场检查，检查情况填写《浙江省民宿（农家乐）消防安全现场检查情况表》后移交公安机关治安部门。

公安机关治安部门应当自受理申请之日起10个工作日内做出许可或不予许可的决定，并送达申请人。

批准特种行业许可的，许可证上应当备注民宿（农家乐）。

第九条　开设民宿（农家乐）应符合以下治安管理基本要求。

（一）具备必要的防盗安全设施。客房的门、窗须符合防盗要求，并设有符合防盗要求的物品保管柜（箱）。

（二）具备单独的旅客住宿房间。

（三）安装并能熟练使用旅馆业治安管理信息系统或手机APP旅客住宿登记系统。

第十条 开设民宿（农家乐）应符合以下消防安全基本要求。

（一）建筑主体应为钢筋混凝土或砖混结构，当楼板或楼梯为木结构时，建筑层数不得超过2层且每层最大建筑面积不得大于200平方米。

（二）疏散楼梯可采用敞开楼梯间或室外疏散楼梯，采用敞开楼梯间的，客房门应安装闭门器。疏散楼梯净宽不应小于1.1米，确有困难时，不得小于0.9米。

（三）疏散通道和安全出口应保持畅通，3层及3层以上楼层应每层配置逃生绳、逃生梯等逃生设施，且应对其采取保护措施。

（四）每间客房应设有开向户外的窗户，窗户不得设置金属栅栏，确需设置时，应能从内部易于开启，并可供人员逃生。

（五）客房、厨房、内走道应安装独立式或联网型火灾探测报警器，楼梯间、疏散走道应设置消防应急照明和疏散指示标志，客房应配备逃生用口罩和手电筒等器材。

（六）每层配备不少于2具3公斤以上ABC型干粉灭火器，并放置在公共部位。

（七）开关、插座和照明灯具靠近可燃物时，应采取隔热、散热等保护措施。明敷的电气线路应穿阻燃硬质PVC管或金属管保护。

（八）除厨房外，其他部位不得使用明火、存放瓶装液化石油气。厨房与其他部位应当采取分隔措施，并设置自然排风窗。

燃油、燃气锅炉房不得设置在主体建筑内。

（九）除棋牌室、音乐茶座外，建筑内不得设置营业性娱乐场所。

第十一条 民宿（农家乐）可设置 1 部疏散楼梯。当楼梯间不能直通屋顶平台并通向相邻建筑进行疏散时，规模达到下列条件的，应设置 2 部疏散楼梯：

（一）建筑层数为 3 层，且任一楼层建筑面积大于 200 平方米的；

（二）建筑层数为 4 层，且任一楼层建筑面积大于 125 平方米的。

第十二条 民宿（农家乐）经营户应当履行下列治安、消防安全责任和义务：

（一）建立安全管理制度，配备专职或兼职治安保卫人员以及消防安全管理人员，定期开展安全检查、培训和应急疏散演练，主动消除安全隐患；

（二）落实住宿游客身份证件查验和信息登记录入制度；

（三）严禁利用经营场所组织实施违法犯罪活动；

（四）建立完善情况报告制度，发现违法犯罪嫌疑人员、形迹可疑人员、违禁物品以及发生刑事、治安案件，应当立即向公安机关报告。

民宿（农家乐）经营户违反前款规定的，公安机关应当责令其改正，并依照相关法律、法规、规章予以处罚。

第十三条 公安机关应当加强对民宿（农家乐）治安、消防的日常监督管理。检查发现民宿（农家乐）存在重大安全隐患，经限期整改仍不能消除的，公安机关治安部门应依法吊销特种行业许可证；发现房屋属于违法建筑或者存在重大质量问题的，公安机关治安部门应依法撤销特种行业许可。

在行政许可、监督管理中玩忽职守、滥用职权、徇私舞弊的，由有权机关依法给予处分；发生安全事故的，追究直接负责的主管人员和其他直接责任人的责任。

第十四条　本规定由浙江省公安厅治安总队、消防总队负责解释。

第十五条　本规定自发布之日起 30 日后施行，各地可根据此规定制定具体实施细则

后 记

每写一本书，总要在写完后再说些什么。这是本书的第一版，从选题、调研、资料准备、撰写到编辑出版，时间还是比较紧凑的。旅游民宿在我国起步比较晚，许多实践尚在展开之中，民宿经营模式还没有成型。在调研中我们深切体会到，民宿经营者对于实务指导的渴望。

欣欣向荣的乡村建设，正在紧锣密鼓地进行，民宿成为时下一个比较热门的话题。随着经济的发展，城市化快速推进，中国农村"空心化"现象甚是突出，许多村落静静地躺在山清水秀、历史沧桑之中。不知何时，一些有着某种情怀之士，怀揣梦想离开喧闹的都市来到山村，中国大陆的民宿起源于此。

然而，民宿这个略带口语的名词，本来就包含丰富的内涵，加之乡村振兴战略的积极实施，一个产业的雏形已经呼之欲出。所谓民宿，就是利用当地闲置资源，民宿主人参与接待，为游客提供体验当地自然、文化与生产生活方式的小型住宿设施和产业。这是对民宿较符合实质的定义。

既然是产业，就离不开经营。事实上，每个民宿个体的经营管理就是这个行业健康发展的基因，规定了这个产业的发展方向。在调研的过程中，我们不时听到需要专业经营管理团队的呼声。结合多年旅游、会展、酒店管理教学实践，我们编写了这本小册子，希望能对民宿经营有所帮助。

本书在编写过程中，得到了各界人士的帮助和支持，需要感谢的名单可以列出长长的一大串。要感谢安徽省统计局钱晓康局长，苏州市姑苏区人大常委会顾建平副主任，安徽黄山市西溪镇党委书记范长虹先生，无锡惠山区阳山商务科朱伟明副科长，教育部旅游管理专业教学指导委员会副主任、中国旅游改革发展咨询委员会委员、湖北大学旅游发展研究院院长马勇教授，北京第二外国语学院校长助理邹统钎教授，南京艺术学院学术委员会秘书长王晨教授，华东师范大学旅游会展管理系胡平教授，中国上海世博会主题演绎专家季路德先生，北京市农村经济研究中心资源区划处副处长、北京观光休闲农业行业协会副秘书长陈奕捷，中国遗产旅游研究中心研究员、中国国土经济学会副秘书长侯满平，翠域酒店集团总经理王涛，北京巅峰智业旅游文化创意股份有限公司创新研究院高级经理张静女士，苏州原舍汪清店长，玖树倪强强店长，栖云民宿连锁总经理李林、施凯先生，栖云民宿连锁杭州店合伙人刘兴先生等专家学者，对本书中有关章节、资料准备方面，不仅提出了许多宝贵意见，有的还亲自撰写了其中的某些章节。特别要感谢王丹丹女士，她不仅撰写了章节，而且统校了全书文字格式，为书稿出版贡献良多。感谢在调研中给予支持帮助的众多民宿、客栈、精品酒店、洋家乐、农家乐：苏州东山莫厘酒店、柳舍村民宿群，苏州树山原舍、木渎玖树，无锡阳山小筑沐野、花间堂、隐居及田园综合体，成都三姑民俗，安徽宁国地区的青龙湾客栈、储家滩山水农家、储家滩啄木鸟农家乐，浙江湖州莫干山地区的芝麻谷艺术酒店、云镜、大乐之野和木叶夏，安徽黄山地区的清溪涵月。还有吴敏良、杨斌、马志坚、谷隽鸿、黄平璋、江涛、杨悦欣、胡力、任夷、张林生等在考察民宿期间提供了各种帮助，在此表示衷心的感谢。

还要感谢社会科学文献出版社陈颖编辑，在我编制《中国会展经济发展报告》的几年来，已经给我留下了敬业、专业的美好印象，在此书稿选题、写作和出版的每个环节更是予以无微不至的关心与帮助，书稿的顺利出版与她辛勤的工作密不可分。

应该说，民宿健康发展是乡村振兴战略具有重要意义的一环，在广大农村奔向小康的进程中，发挥着日益重要的支撑作用。

由于我们水平所限，书稿中有许多不足之处，祈请读者提出宝贵的批评意见。反馈意见可直接发 guojur999@163.com，我们将在一年后修改本书，为我国民宿经营事业贡献一份微薄的力量。

过聚荣

2018 年 2 月 18 日

图书在版编目（CIP）数据

旅游民宿经营实务 / 过聚荣编著. -- 北京：社会
科学文献出版社，2018.7（2023.2 重印）
ISBN 978 - 7 - 5201 - 2547 - 5

Ⅰ.①旅… Ⅱ.①过… Ⅲ.①旅馆 - 经营管理 Ⅳ.
①F719.2

中国版本图书馆 CIP 数据核字（2018）第 064841 号

旅游民宿经营实务

编　　著／过聚荣

出 版 人／王利民
项目统筹／陈　颖
责任编辑／陈　颖
责任印制／王京美

出　　版／社会科学文献出版社·皮书出版分社(010)59367127
　　　　　　地址：北京市北三环中路甲 29 号院华龙大厦　邮编：100029
　　　　　　网址：www.ssap.com.cn
发　　行／社会科学文献出版社（010）59367028
印　　装／北京虎彩文化传播有限公司

规　　格／开本：787mm × 1092mm　1/16
　　　　　　印张：19　字数：220 千字
版　　次／2018 年 7 月第 1 版　2023 年 2 月第 4 次印刷
书　　号／ISBN 978 - 7 - 5201 - 2547 - 5
定　　价／88.00 元

读者服务电话：4008918866